T0198860

Un **Mot** **D'AVERTISSEMENT** au **Monde**

Un Gouvernement de Transition Sans Joseph Kabila est Nécessaire en République Démocratique du Congo pour Éviter Beaucoup d'Autres Millions de Morts & des Refugiés

Prof. Justin B. Mudekereza

authorHOUSE®

AuthorHouse™
1663 Liberty Drive
Bloomington, IN 47403
www.authorhouse.com
Teléfono: 1 (800) 839-8640

Publicada por AuthorHouse   05/24/2018

ISBN: 978-1-5462-4127-0 (tapa blanda)
ISBN: 978-1-5462-4126-3 (libro electrónico)

Información sobre impresión disponible en la última página.

"Il y a toujours de l'espoir pour un nouveau jour, j'espère que les ténèbres ne sembleront pas toujours impénétrables ...". - Marcia Laycock

Table des matières

Dédicace

Ce livre est dédié à mon Père céleste qui nous bénit tous les jours, moi et ceux qui me sont chers.

Il est également dédié à tous les Congolais qui sont arêtés, britalisés et abattus quotidiennement pour avoir demandé rien que le droit de choisir leurs dirigeants, et à tous les amis et partenaires de la RD Congo, où qu'ils se trouvent, ainsi qu'à tous ceux qui veulent voir les choses changées de manière positive afin d'encourager les investissements pour le développement de cette géante nation de l'Afrique.

Préface

Les accords de la Saint Sylvestre signé en 2017 entre le gouvernement de la République Démocratique du Congo (RDC) et l'opposition politique ont expiré et n'ont apporté aucune solution à la situation socio-politique chaotique au pays.

Comme cet accord a aussi expiré et que le pouvoir en place cherche toujours des argements pouvant l'aider à mâter l'opposition politique en lui offrant des postes ministeriels et autres dans des enterprises publiques. "J'ai appris que de nouvelles tractations ont été entammées entre le gouvernement de Joseph Kabila et l'opposition politique qui inspire déjà très peu de confiance au people Congolais. Ces nouvelles tractations prévoient un gouvernement d'une transition de deux (2) ans pour organiser les élections en 2020. Ce gouvernement de transition aurait comme président l'actuel chef de l'Etat Joseph Kabila avec Monsieur Félix Tshisekedi comme Premier Ministre et en suite des autres faux opposants auront des postes ministériels. Il est vraiment inconcevable et même très malheureux que le président Joseph Kabila qui est la source des tous les problèmes qui ont causé une aussi grande crise politique en RDC soit encore considéré comme quelqu'un qui peut faire partie des solutions aux problèmes. Il serait dans ce cas juge et partie" (Musimwa Bisharwa, Avril 2018).

Le message lancé au journal Congo Reformes par Musimwa Bisharhwa president national du Parti Congolais pour la Bonne Gouvernance (PCBG) en date du Avril 2018 stipule que le PCBG s'oppose à un tel marchandage politique visant à prolonger le mandat de Kabila jusqu'en 2020. Ce marchandage va dans l'intérêt des politiciens congolais et non dans celui du peuple congolais. Le PCBG exige un 3ème dialogue sans Kabila qui déboucherait sur *une transition sans Joseph Kabila* pour des élections crédibles. Le peuple Congolais doit se désolidariser de l'accord de la Saint-Sylvestre lequel avait aussi violé la constitution comme la viole le pouvoir en place. Le peuple congolais doit aussi se désolidariser des politiciens congolais du reste égoïstes agissant pour leurs propres comptes et d'exiger un troisième dialogue cette fois sans Joseph Kabila. Le PCBG s'est opposé à participer aux élections organisées par Joseph Kabila avec sa Commission Elecotorale Nationale Indépendante (CENI). Il a ajouté que l'opposition politique congolaise est une opposition constituée en son sein, pour la plupart, des infiltrés de Joseph Kabila. Sachez-le bien que si le peuple congolais ne se prend pas en charge, il restera toujours esclave de ses gouvernants oppresseurs. Dans le même message, le président national du PCBG a lancé un appel aux mouvements sociaux et à la Société Civile, s›il en existe encore une du peuple, de poursuivre la lutte et de cesser de s'inféoder à l'opposition politique dont ils ignorent l'agenda. "Méfiez-vous de cette opposition politique constituée des crocodiles, des serpents, des renards, des léopards, ect. d'une part, et, d'autre part de la Majorité Présidentielle (MP), tous les deux, MP et Opposition politique sont des bonnet- blancs, blanc-bonnets, a-t-il renchérie. Soyons majeurs, peuple congolais et nous pouvons emmener les tenants du pouvoir et l'opposition politique à se plier. Les occidentaux se rangent derrière celui qui a le pouvoir et non derrière le peuple. Car, les intérêts dictent leur comportement. Ils ne signent des accords qu'avec le détenteur du pouvoir, a poursuivi Musimwa Bisharwa.

Il a enfin atterri en disant: «Personnellement, je suis contre cette manière d'appeler le peuple à faire des manifestations car nous avons déjà vu comment la police et l'armée de Joseph Kabila répriment les manifestations pacifiques. Les morts ont déjà été comptés par million depuis le début des conflits armés en République Démocratique du Congo (RDC) jusqu'en cette année 2018. Pour en finir avec ce problème une fois pour toute, la communauté internationale en général et le Conseil de Sécurité des Nations Unies en particulier devraient prendre des mesures qui s'imposent pour la RDC également comme ils prennent pour d'autres pays où les dirigeants font souffrir leurs propres peuples ».

La République Démocratique du Congo (RDC) a besoin d'un leader de conviction, d'un homme d'Etat, rassembleur, qui incarne l'esprit de développement et de progrès, appelé à sortir ce sous-continent du mensonge politique et de la démagogie (Erasme Kazimbe, Avril 2018). Cet homme ne peut pas sortir aujourd'hui l'opposition politique qui fait des déclarations le matin et le soir elle prend des postes ministériels que Joseph Kabila leur donne pour essayer de les calmer. Il y a des fils de la RDC qui sont intègres, intelligents, sympathiques au malheur du peuple et qui incarnent toutes les qualités d'un responsable pouvant sortir le pays dans le gouffre où il se trouve actuellement. Malheureusement ces fils du pays n'ont pas de moyens pouvant les aider à faire partir l'actuel président du pouvoir où il s'accroche à tout prix. Il y a des Professeurs, des Docteurs et bien d'autres technocrates fils et filles de la RD Congo qui vivent dans des pays étrangers et d'autres au pays qui peuvent redonner de l'espoir d'un lendemain meilleur au peuple Congolais. C'est parmi ceux-là que les amis et partenaires de la RD Congo membres de la communauté internationale, de l'organisation des Nations Unies pourraient choisir un pour résoudre une fois pour toute cette crise qui n'a que trop duré en RD Congo.

J'espère bien qu'avec ce livre écrit par le Professeur Justin Mudekereza qui est un grand acteur de développement, activiste de la justice sociale et des droits humains; la communauté internationale comprendra les faits tels que décrits par l'auteur. Ce livre est selon moi une très grande contribution et une interpellation sur le danger qui guète le peuple congolais longtemps martyrisé qui ne sait plus à quel saint se vouer pour avoir des vies sauves. La situation politique actuelle dans le pays est devenue un véritable chemin de la croix pour le peuple Congolais! Ce peuple n'a pas d'armes pour faire face aux troubles à venir si rien n'est fait pour mettre sur pieds un gouvernement de transition sans Joseph Kabila l'actuel président de la République Démocratique du Congo telle que souhaite l'auteur de ce livre, un auteur très inspiré et avisé qui visiblement n'a aucun autre intérêt que de sauver les vies humaines (en danger permanent).

Julien S. Makombe

Directeur pour l'Afrique Centrale,
ADEC (Aspire for African Development & Consulting Limited).

Avant-Propos

En date du 10 décembre 1948, les cinquante-huit états membres qui constituaient alors l'Assemblée Générale l'Organisation des Nations Unies ont adopté la Déclaration Universelle des droits de l'homme à Paris au Palais de Chaillot (résolution 217 A (III)). Le droit à la vie, à la liberté et à la sûreté est reconnu à tout être humain et il constitue ainsi le troisième article de cette Déclaration Universelle des droits de l'homme.

Lorsqu'on regarde de très près ce qui ce passe en République Démocratique du Congo (RDC), mon pays, depuis plus de deux (2) décennies on constate que la plus part des articles de cette Déclaration Universelle des droits de l'homme ne sont pas respectés. Ils sont violés soit par des inciviques et autres forces rebelles, soit par les membres du gouvernement et leurs forces loyalistes ou encore par les agents de la mission des Nations Unies sur place au pays. Ce droit à la vie est finalement confisqué au peuple Congolais qui se voit massacré, meurtri et égorgé tous les jours sous la barbe de la communauté internationale. Je me demande finalement qui sauvera ce peuple qui a très longtemps souffert et qui ne sait plus à quel saint se vouer.

Après une dictature de trente-deux (32) ans par le Maréchal Mobutu Sese Seko Kuku Ngbendu Wa Za Banga qui a géré le pays sans partage de pouvoir et sous le monopartisme depuis 1965, le Marechal président est chassé du pouvoir en 1997 par une rébellion dirigée par feu le président Laurent Désiré Kabila. Cette rébellion était soutenue par des pays voisins notamment le Rwanda et l'Ouganda pour ne citer que ceux-là. Ces derniers auraient eu le soutien total de certains pays membres de la communauté internationale, y compris les Etats Unis d'Amérique sous la présidence de Bill Clinton qui est resté un allié fidèle du Rwanda dans les massacres à l'Est de la République Démocratique du Congo. Notons que selon plusieurs experts et organisations les conflits politiques et armés en République

Démocratique du Congo ont fait plus de huit million de morts (plus de mort que ceux de l'holocauste) et jeté plus de dix million de Congolais sur le chemin du déplacement interne et de refuge.

Avec une superficie de près de deux million trois cent quarante-deux mille kilomètres carré (2.342.000 Km2), deuxième pays vaste d'Afrique après l'Algérie, la République Démocratique du Congo (RDC) est un pays très énormément riche en ressources naturelles. Ces ressources naturelles constituées des matières premières qu'on ne trouve pas dans d'autres pays attirent depuis plusieurs décennies la convoitise des pays voisins et des multinationales qui continuent à financer (directement ou indirectement) les seigneurs de guerre en vue de maintenir le pays dans un état de pays de merde. Pour bien comprendre cette situation vous pouvez lire mon livre précédent intitulé *Pays de Merde – La Vérité Choquante qui Aurait dû Servir de Leçon*.

De nombreuses organisations non-gouvernementales locales et internationales ainsi que des chercheurs indépendants ont produits et publiés d'innombrables rapports sur des situations macabres qui se déroulent en république démocratique du Congo à cause de l'instabilité politique. Malheureusement, il se fait voir qui tous amènent de l'eau au moulin de Joseph Kabila aidé par ses alliés Rwandais, Ougandais et autres. La communauté internationale ainsi que les Nations Unies sont restés calmes face à ces menaces sans cesse permanentes qui guettent le peuple Congolais longtemps meurtrie. Face à ces rapports, les plus courageux se sont arrêtés sur la condamnation pure et simple des faits sans aller plus loin. Visiblement les intérêts économiques des uns et des autres passent avant les vies humaines en perpétuel danger.

Tout en étant en exil forcé (après les fameuses élections de 2006), je porte toujours mon pays et mon peuple à cœur et je continue à suivre de très prêt l'évolution de la situation politique de mon pays. Je continue également ma participation aux efforts de développement de ma communauté d'une manière ou d'une autre mais il faut dire que les efforts de développement ne peuvent pas réussir réellement dans un pays politiquement très instable comme la République Démocratique du Congo, mon pays.

De loin, j'ai regardé de la situation politique du pays. En tant que chercheur, écrivain, activiste des droits humains et acteur de développement de renommée international, je me suis senti dans l'obligation de sortir de mon silence et de montrer à la phase du monde ce grand danger qui guète mon pays la République Démocratique du Congo et son peuple qui a pourtant longtemps souffert. J'ai fais des analyses approfondies, critiques et indépendantes et j'ai trouvé qu'il était très important de faire cette alerte au monde entier en général et au Conseil de Sécurité des Nations Unies en particulier.

Après mes analyses approfondies de la situation politique qui prévaut en République Démocratique du Congo, je me suis arrêté un petit moment pour faire un regard sur la situation des jours à venir. J'ai vu des choses se passer dans mes yeux comme dans un film d'horreur. J'ai senti l'odeur du sang car je la connais bien (en tant que victime de torture). J'ai constaté un risque très élevé de l'escalade des événements vers la fin cette année. Des million de morts sont attendus en République Démocratique du Congo si rien n'est fait pour mettre en place un gouvernement de transition sans Joseph Kabila. Ce gouvernement de transition aurait pour mission régalienne l'organisation des élections transparentes, crédibles, incontestables et donc acceptables par tous. Nous avons d'une part un président de la république hors mandat et qui ne veut pas quitter le pouvoir et d'autres part un peuple déjà très fatigué, sans voix et non armé mais visiblement déterminé d'en finir avec le pouvoir en place si les élections ne sont organisées vers la fin de cette année 2018. Or, selon mes propres analyses, le gouvernement en place n'a nullement pas l'intension d'organiser des élections en République Démocratique du Congo actuellement. Et si les élections sont organisées elles ne seront pas crédibles (et je donne ma main à couper), elles seront très contestées encore et feront subséquemment couler des rivières de sang du peuple congolais, des pertes très énormes en vies humaines.

Voilà ce qui m'a motivé à écrire ce nouveau livre en tant qu'acteur de développement et écrivain pour la justice sociale et les droits humains. Je crois avoir fait ma part en publiant ce livre sur le possible risque de million de morts en République Démocratique du Congo (à la fin de cette année 2018) si rien n'est fait pour mettre sur place un gouvernement de transition sans Joseph Kabila. Quant aux uns et aux autres qui liront ce livre de faire aussi leur part…

Remerciements

Mes sincères remerciements vont à mon Père céleste pour m'avoir donné de l'intelligence et la force de me battre pour mes semblables quand et où ils ont besoin de ma main.

Merci beaucoup encore aux familles Collins et Staffieri pour tout l'amour et le soutien qui ont jusqu'ici été une grande incitation à réaliser mon rêve de continuer à aider les autres à devenir réalité. Je ne vous remercierai jamais assez les gars; la seule chose que je peux continuer à faire c'est de prier le Tout-Puissant que ses bénédictions continuent d'être avec vous et vos familles respectives.

À tous ceux qui soutiennent de *New Neighbor Relief* et d'autres qui déploient des efforts pour aider les Congolais vivant aux États-Unis et ailleurs qui ont échappé à la tyrannie et aux meurtres, je dis merci et soyez tous bénis.

Mes sincères remerciements vont à ma famille, à tous les Mudekereza et à tous les Bisimwa pour m'avoir soutenu par des prières. Un grand merci à mon jeune frère et fils, Oscar Mushamalirwa qui m'a donné un bon aperçu de la situation chaotique en République Démocratique du Congo (RDC) qui a débouché sur la rédaction de ce livre.

Merci à Sedrick et Kaley Murhula pour tout, à l'Evêque Middleton et toute la famille LDS, à Rebecca Cranor pour toute sorte de soutien et d'encouragement.

Brent et Peggy Ipsen, Roberta Gottfried mon adorable formatrice, Julien Sangano Makombe qui a grandement contribué à la collecte d'informations, Adolph Mutayongwa, Dan Nyamangah, June Owino, Walter Lam le PDG et Président de l'Alliance pour l'Assistance Africaine,

Patrick Namwembe, Abby Shull et tous ceux qui m'ont soutenu d'une manière ou d'une autre en train d'écrire ce mot d'avertissement au monde.

Tous mes remerciements à tous les amis et sympathisants que je n'ai pas pu citer dans ce livre.

A tous et à toutes, merci infiniment.

Chapitre 1

Introduction

La crise politique en République Démocratique du Congo (RDC) prend des allures très inquiétantes. Les partis politiques de l'opposition, et ceux dits du centre ainsi que ceux de la majorité au pouvoir, les organisations de la société civile et autres parties prenantes au processus de démocratisation se regardent en chiens de faïence. A l'origine de cet imbroglio, la crise de légitimité et de légalité au sommet de l'Etat.

Effet, le Président de la République, Joseph Kabila Kabange, au pouvoir depuis 2001 après la mort de Laurent Désiré Kabila, son père, à qui il a succédé par un plébiscite stratégiquement organisé s'est fait élire en 2006, puis en 2011 pour deux mandats de 5 ans chacun. Il est arrivé à la fin de son deuxième et dernier mandat en décembre 2016.

Déjà en 2006, plusieurs contestations ont été enregistrées et des violences s'en sont suivies. Son challenger, le Sénateur Jean-Pierre Bemba avait carrément contesté l'issue du processus qui consacrait au deuxième tour la victoire à Joseph Kabila.

L'opposant charismatique Etienne Tshisekedi (paix à son âme) quant à lui n'avait pas participé au processus électoral, le considérant comme non juste et peu crédible.

En 2011, les élections en un tour organisé par la Commission Electorale Nationale Indépendante CENI restructurée ramenèrent Joseph Kabila en tête du processus devant Tshisekedi et Vital Kamerhe.

Etienne Tshisekedi s'autoproclamât Président élu de la République et prêta serment chez-lui en qualité de Président de la RDC. Vital Kamerhe porta une requête en annulation des résultats auprès de la cour suprême faisant office de la cour constitutionnelle. Cette requête fut rejetée pour vice de forme.

Les observateurs nationaux et internationaux ont considérés que le processus était entaché des plusieurs irrégularités qui entamaient la crédibilité des résultats. Son Eminence le Cardinal Laurent Monsengwo déclara que le résultat ne reflétait pas la vérité des urnes en ces termes sur la Radio Télévision Belge Francophone (RTBF) le lundi 12 décembre 2011 « Tshisekedi a eu plus de voix », « … Il y a lieu réellement de conclure que ces résultats ne sont pas conformes à la vérité ni à la justice. Comment, *par exemple, comprendre que le 6 décembre, Monsieur Tshisekedi qui avait cinq million neuf cent vingt-sept milles sept cent vingt-huit (5.927.728) voix sur dix-sept million trois cent vingt-neuf milles cent trente-sept (17.329.137) suffrages exprimés, ait cinq million huit cent soixante-trois million sept cent quarante-cinq (5.863.745) le 9 décembre voix sur dix-huit million cent quarante-quatre milles cent cinquante-quatre (18.144.154) suffrages? Il perd par conséquent soixante milles (60.000) voix alors qu'on venait d'ajouter les résultats de trente-quatre milles (34.000) bureaux de vote…"*

En effet, l'Eglise catholique disposait d'un réseau d'observateurs dans toute la république et ainsi en harmonie avec les autres observateurs nationaux et internationaux, il lui était possible d'émettre un avis crédible sur l'issue du processus électoral en ce moment là.

Il est donc considéré que ces élections bâclées furent les débuts de l'instabilité politique de ce second mandat de Joseph Kabila qui prenait fin en décembre 2016.

Les élections sensées être convoquées trois mois avant l'expiration du mandat du Président de la république sortant n'ont toujours pas eu lieu, près de deux ans après.

Plusieurs colmatages pour soit disant restaurer la cohésion nationale furent lancés en marge de ces conflits post électoraux notamment:

- *Les concertations nationales*: ouvertes en septembre 2013 et boudée par une grande partie de l'opposition. L'absence de l'UDPS et celle de l'UNC porta un coup à l'atteinte des objectifs assignés. Les concertations ont alors eu l'air d'être un dialogue entre la majorité et la société civile. Il faut rappeler que c'était sous une situation sécuritaire précaire suite à la rébellion du Mouvement du 23 mai connu sous le nom de M23 que ces concertations ont été menées.

- *Le dialogue de la cité de l'Union Africaine (UA)*: convoquée par ordonnance présidentielle, ce dialogue dont l'accord a été signé le 18 octobre 2016 produit entre autres acquis:
    o La constitution d'un nouveau fichier électoral;
    o Le recensement après la constitution du nouveau fichier électoral;
    o La priorité aux élections présidentielles, législatives et provinciales;
    o La fixation de certaines dates du calendrier électoral;
    o L'option du financement des élections par le gouvernement;
    o Kabila reste président de la république après 2016;
    o Un premier ministre issu de l'opposition;
    o Réaménagement de la CENI et mesures de décrispation du climat politique;
    o Mise en place de la commission de suivi;

- *Le Dialogue global et inclusif du centre interdiocésain de la CENCO*: pour pallier à la faiblesse de manque du caractère inclusif de l'accord du 18 octobre 2016, un nouveau dialogue fut convoqué sous les bons offices de l'épiscopat congolais. C'est fut une véritable feuille de route devant mener aux élections dont l'application à ce jour reste partielle.

Il est sorti de tous ces pourparlers beaucoup plus la désintégration de l'opposition par l'octroi de postes gouvernementaux, les répressions violentes des manifestations, l'exil et l'emprisonnement des opposants et le durcissement et l'autoritarisme du pouvoir en place. Désormais ceux qui étaient opposants hier et qui s'acharnaient contre le maintien au pouvoir du Président Joseph Kabila deviennent aujourd'hui membres de son gouvernement lui accordant ainsi une forme de feu-vert pour diriger à vie (sans le savoir peut-être).

Il est présenté donc dans ce livre, des éléments démontrant que le scrutin va droit dans le mur de la contestation qui pourrait conduire à des violences difficiles à mesurer à ce stade. Un report du scrutin et la mise en place rapide d'un gouvernement de transition (sans l'actuel président) permettrait d'assainir l'environnement politique et ainsi apporter une solution durable aux nombreux problèmes que cette situation a causés dans le pays.

Chapitre 2

La Loi Electorale

La loi électorale promulguée en 2006 a été révisée et modifiée en vue de la préparation des scrutins de 2018 et 2019, la nouvelle loi fut promulguée le 24 décembre 2017. Cette loi grandement décriée par l'opposition et une partie de la société civile apporte comme principaux changement le seuil de représentativité pour le législatif et la majoration de la caution.

Cette loi électorale (modifiant et complétant la loi N°06/006 du 09 mars 2006 portant organisation des élections présidentielle, législatives, provinciales, urbaines, municipales et locales telle que modifiée et complétée à ce jour) qui était destinée à résoudre les problèmes pratiques constatées lors des scrutins antérieurs en a plutôt créées d'autres beaucoup plus complexes. La loi apporte des « innovations » qui, en réalité, sont des véritables pièges à l'exercice de la jeune démocratie congolaise. L'opposition ne cesse de dénoncer ces « prétendues innovations » qui ne vont pas dans le sens de renforcer la démocratie et la cohésion nationale. Ce qui encore une fois éloigne la possibilité d'avoir une élection apaisée en République Démocratique du Congo.

Il est franchement très triste de constater que les gens puissent se contenter d'établir des lois qui favorisent un seul individu ou un groupe d'individus !

• *Le seuil électoral*

Sans consensus préalable, presque par défi, la majorité au pouvoir a instauré dans la nouvelle loi, un « seuil de représentativité » qui oblige les partis et les candidats députés à réaliser un score de 1% des suffrages exprimés au niveau national pour espérer remporter au moins un siège. Les contestations et autres pressions des acteurs, particulièrement ceux

---

de l'opposition qui exigeaient pourtant la suppression pure et simple de cette question de « seuil de représentativité » n'ont pas réussi à faire plier le pouvoir. La majorité mécanique a maintenu par défi le seuil électoral comme elle le voulait.

Les analystes avertis trouvent en cette affaire de seuil, une stratégie du parti au pouvoir et de la majorité présidentielle d'écarter les partis de l'opposition à la gestion du pays. Car, en effet, le nombre d'enrôlés étant arrêté à 40 million d'électeurs, si on considère que tous sont attendus aux urnes, un parti devra atteindre au moins quatre cent milles (400.000) voix pour espérer avoir au moins un siège. Ce qui n'est pas donné à n'importe quel parti politique. Ceci reste un avantage donné aux seuls partis au pouvoir et la majorité présidentielle qui ont géré le pays comme leur propre boutique depuis bientôt deux décennies.

Initialement porté à 3%, le seuil de représentativité de député au niveau national fut ramené à 1% suite aux revendications et protestations des députés de l'opposition.

La création du seuil de représentativité fut vite interprétée comme une volonté de dissuader les petites formations politiques; il faut rappeler ici que la République Démocratique du Congo (RDC) compte plus de 500 partis politiques et certains n'existent qu'à Kinshasa. Aussi la stratégie de la création de partis politiques (partis satellites) a fait son temps en 2006 et 2011 et le but était de contrecarrer la montée des grands partis de l'opposition de ce temps à savoir l'Union pour la Démocratie et le Progrès Social (UDPS) Etienne Tshisekedi et le Mouvement pour la Libération du Congo (MLC) de Jean Pierre Bemba de tenter de le noyer dans une nébuleuse mouvance.

Le député Henri-Thomas Lokondo avait estimé devoir saisir la cour constitutionnelle car selon lui le seuil de représentativité éliminait d'office les candidats indépendants pourtant la constitution du pays reconnait le droit des personnes indépendantes à se présenter comme candidats à tous les niveaux.

Cette loi fut votée à l'assemblée nationale à l'absence des députés de l'opposition et au sénat quelques amendements furent apportés aux textes qui malheureusement n'ont pas pu se trouver intégrés dans le texte final lors du passage à la commission mixte paritaire Sénat – Assemblée Nationale dont notamment le fait de ramener le seuil au niveau de la circonscription au lieu du niveau national.

Trois requêtes demandant l'annulation pure et simple de certaines dispositions de la loi électorale ont été déposées à la cour constitutionnelle. Il faut signaler qu'une quatrième requête a disparu selon une source de proche de la cour dit Sonia Rolley journaliste envoyée spéciale de la Radio France Internationale (RFI) à Kinshasa sur Twitter le 30 mars 2018.

En date du 30 mars 2018, le député national Henri-Thomas Lokondo s'est exprimé sans ambages en ces termes: «*Nous venons d'assister à un scandale judiciaire de la législature. La cour s'est comporté en professeur de sciences politiques qui donne la leçon de mode de scrutin. Elle a donné des arguments sur le plan politique, elle a évité la question sur la représentativité de partis politiques qui figurait dans le recours concernant les indépendants. Le seuil de représentativité au niveau national, s'il est applicable aux partis politiques et au regroupement politiques, est-ce qu'il s'applique aux indépendants ? Un indépendant qui n'a que sa circonscription et qui lui n'a pas le droit de se présenter dans une autre circonscription, comment doit-on calculer son seuil de représentativité au niveau national ? La cour a complètement ignoré cette question et c'est regrettable. La cour s'est complètement* démonétisée. C'est plus la politique qui a guidé la décision"*

Il s'est agi d'un débat serré quatre voix contre quatre et la voix du président étant prépondérante, la loi est passée. On attend toujours la publication de l'opinion dissidente de quatre autres juges qui a été promise.

Le seuil comme frein à l'exercice de la démocratie et germe d'instabilité postélectorale

a) L'exclusion des indépendants, contrairement aux élections de 2006 et celles de 2011 ou plusieurs acteurs politiques se sont présentés en indépendants, le prochain scrutin en instituant le seuil de représentativité de 1% au niveau national ne permet pas à un candidat député qui a comme circonscription la province de réaliser un seuil de 1%.

b) Les partis politiques sont obligés de se regrouper pour prétendre atteindre ce seuil au niveau national, nul n'ignore que le regroupement n'a pas été l'effort des politiciens congolais. Lorsque le second tour a été élagué du processus électoral, la logique voudrait que les partis d'opposition se regroupent pour faire face à la machine politique de la majorité présidentielle de l'époque. Le manque d'acceptation mutuelle a dû permettre une dispersion des voix qui pourrait être évitée si un regroupement avait pu se créer au tour d'une figure consensuelle.

Il s'en suit donc une déstabilisation du jeu électorale à seulement quelques mois du scrutin qui devra mobiliser les énergies des leaders de partis politiques vers une lutte de positionnement dans les regroupement politique et à l'issue du scrutin une guerre de partage des postes en cas de victoire de regroupement politique.

C'est le lieu de rappeler le cas de l'Alliance des Forces Démocratiques du Congo (AFDC) de Bahati Lukwebo, deuxième force politique de la majorité présidentielle qui se considère toujours lésée lors des partages de postes. Il semble que cette guéguerre postélectorale serait accentuée dans ce cadre de regroupement quasi forcé et parfois contre-nature. On a vu ces derniers temps de rapprochement entre le Parti Lumumbiste (PALU) et le Mouvement de Libération du Congo (MLC), ce dernier un parti libéral s'allierait-il à un parti à tendance sociale ?

Il s'agit en effet des points d'exclusion où le pouvoir peut se permettre de se choisir les adversaires en excluant certains (les indépendants) c'est une pratique antidémocratique. La cour constitutionnelle estime que le seuil de représentativité n'est pas une exclusivité de la RDC. En effet avec les réalités de la RDC avec plusieurs partis politiques, ce seuil serait simplement de nature à exclure plus du trois quart aussi bien au sein de l'opposition que de la majorité présidentielle. Ceci est selon moi un processus de création des aigris politiques qui peut aboutir à une autre situation d'instabilité politique que le pays ne saurait gérer.

Tous les partis qui dans l'assemblée nationale actuelle n'ont pu obtenir qu'un député sont appelés à se galvaniser autour des grands partis à l'instar du Parti du Peuple pour la Reconstruction et le Développement (PPRD), l'Union pour la Démocratie et le Progrès Social (UDPS), le Parti Lumumbiste (PALU), l'Union pour la Nation Congolaise (UNC), le Mouvement pour la Libération du Congo (MLC), l'Alliance des Forces Démocratiques du Congo (AFDC) etc.

Il faut rappeler que parmi les signataires des requêtes en annulation de cette disposition de la loi il y avait une dizaine des députés de la majorité présidentielle. Ce qui revient à dire que le malaise est bien généralisé.

• *La caution*

Une autre « innovation », mieux, un autre problème de la loi électorale en vigueur c'est le cautionnement. La nouvelle loi institue une caution qui va coûter les yeux de la tête aux candidats et aux partis politiques, une caution que seuls les partis au pouvoir sont en mesure de payer, généralement par les moyens de l'Etat.

En effet, il faudra désormais débourser jusqu'à cent milles dollars Américains (100.000,00$US) pour briguer la magistrature suprême, c'est-à-dire pour se présenter comme candidat président de la république en République Démocratique du Congo. Ceci sans prendre en compte l'argent qu'il faut débourser pour parcourir un pays de plus de deux million trois cent quarante-deux milles kilomètres carrés lors de la campagne électorale. Les candidats à la députation nationale devront payer quant à eux autour de milles dollars Américains (1.000$US) autant que pour les sénateurs pour ne citer que ceux-là.

A ce sujet, la nouvelle loi électorale crée des frustrations inestimables au sein de la classe politique et sociale congolaises. C'est une véritable oligarchie qui s'installe en République Démocratique du Congo et personne ne sait les retombées dans les jours à venir. Les élections deviennent une affaire des riches qui ne feront que s'enrichir de plus lorsqu'ils seront aux affaires et se faire payer leur argent dépensé au détriment du paisible peuple. Dans un pays où il n'existe pas de classe moyenne, les pauvres ne peuvent plus espérer concourir à quelque niveau que ce soit pour participer à la gestion de la chose publique.

Le journal du citoyen parle de la RDC vers une démocratie de riches pour parler de la caution électorale. La loi électorale promulguée le 26 décembre 2017 porte la caution électorale presque au triple de celle qu'elle a été lors des processus électoraux de 2006 pour certains scrutins et même au décuple pour d'autres.

La caution électorale est une somme d'argent que le candidat est appelé de débourser pour son inscription sur les listes électorales. La CENI la nomme frais de dépôt de candidature, non remboursables versés dans le compte du trésor public.

Certaines voix se sont exprimées contre la hausse de la caution. C'est notamment le député Patrick Kolela de l'UDPS qui considère que cette hausse vertigineuse est une manière de réduire à néant un certain nombre d'acteurs qui jouissent réellement de la confiance du peuple congolais mais n'ont pas suffisamment d'argent pour se présenter comme candidats.

La caution selon la fameuse loi électorale.

Scrutin	Caution 2006	Caution 2011	Caution 2018
Présidentiel	22.000.000	50.000.000	160.000.000
Législatif national	110.000	250.000	1.600.000
Sénatorial	110.000	250.000	1.600.000
Législatif provincial	55.000	125.000	1.000.000
Gouverneur et vice Gouverneur	660.000	1.250.000	1.000.000
Conseil urbain	25.000	50.000	500.000
Maire et adjoint	110.000	200.000	300.000
Bourgmestre	88.000	100.000	750.000
Conseiller secteur	10.000	20.000	150.000
Chef de secteur	10.000	20.000	500.000

La caution est exprimée en Francs Congolais

Certaines personnes considèrent qu'il s'agit d'une mesure discriminatoire, s'il faut débourser cent milles dollars américains pour être candidat président de la république ou mille dollars américains pour être candidat député. Ici il très est clair qu'enseignants, infirmiers, chauffeurs de taxi ou autres personnes de la basse classe ne peuvent pas prétendre à ces positions et pourtant disent-il la constitution de la RDC à son article 13 garantit l'égalité de chance à l'accès à la fonction publique; *«aucun congolais ne peut, en matière d'éducation et d'accès aux fonctions publiques ni en aucune autre matière, faire l'objet d'une mesure discriminatoire, qu'elle résulte de la loi ou d'un acte de l'exécutif, en raison de sa religion, de son origine familiale, de sa condition sociale, de sa résidence, de ces opinions ou de ses convictions politiques…»*

• *La caution comme frein à l'exercice de la démocratie et germe d'instabilité post* électorale

Certains qualifient ces élections comme une affaire des riches, la hausse de la caution est encore plus importante dans les échelons inférieurs conseil urbain, le maire, le conseil de secteur, le chef de secteur. Il est évident avec la précarité généralisée où le salaire minimum légal est de cent et dix dollars américains (110$US). En janvier 2018 le Salaire Minimum Interprofessionnel Garanti - SMIG est passé de mille six cent quatre-vingt Francs Congolais (1680FC) à sept mille soixante quinze Francs Congolais (7075FC) – moins de 5$US – par jour. Au regard de tout ceci, seules les personnes ayant eu des accointances avec le pouvoir pourrait réaliser cette caution afin de se présenter comme candidats aux différents scrutins. Déjà en 2006 et 2011 plusieurs candidats des partis alliés à l'AMP ou MP ont vu leurs cautions être prises en charge totalement par le PPRD parti au pouvoir. La caution telle qu'elle est présentée risque de cristalliser la crise pendant les élections et sûrement après les élections par son caractère exclusif et discriminatoire.

Chapitre 3

La Machine à Voter

Présentée comme une des réformes majeures dans le système électoral congolais en perspective des élections prévues en décembre 2018, la machine à voter est devenue la principale pomme de discorde entre les parties prenantes au processus électoral en République Démocratique du Congo. Cette technologie que moi j'appelle « machine à voler » ou encore «machine à tricher» selon l'opposition plante déjà le décor de la contestation. Même ceux qui la préconisent peinent à convaincre sur les garanties de transparence qu'offre cette machine.

L'opposition dans son ensemble est farouchement opposée à l'usage de cette « machine à voler » qu'elle qualifie d'illégale, étant donné que la loi écarte toute possibilité de vote par voie électronique. L'opposition crie à un changement de règles pour favoriser le parti au pouvoir et ses alliés.

Les partenaires techniques et financiers de la RDC, eux aussi, ont exprimé des réserves sérieuses quant à l'utilisation de cette machine à voter. Les Etats-Unis, la Suisse, le Canada pour ne citer que ceux-là ont déjà exprimé clairement leur désaccord au sujet de « cette machine susceptible de faciliter la falsification des résultats électoraux ». Un communiqué publié par les trois pays indique que la mise en place d'un tel système exige de la transparence auprès de toutes les parties impliquées en ce qui concerne les coûts et les risques. Il faut également avoir suffisamment de temps pour effectuer un examen juridique, des essais, une évaluation adéquate et offrir la formation nécessaire. Aucune de ces étapes n'est achevée à ce jour ou n'est en cours. Le contournement de ces étapes et la mise en place d'un système de ce type de vote de cette ampleur à l'échelle nationale pour la première fois pourrait gravement compromettre l'élection présidentielle, préviennent les trois pays précités.

Cette machine est plus décriée qu'elle n'est pas utilisée à travers le monde. Un article publié en 2006 sur un site néerlandais et repris par les sites congolais politico.cd et congoreformes.com sous le titre « Wijvertrouwenstemcomputers niet » (traduction française: nous ne faisons pas confiance aux machines à voter) détaille une série de failles que des chercheurs en e-voting déclarent avoir trouvées sur une machine, l'ES3B, utilisée aux Pays Bas, en France et en Allemagne. L'équipe des chercheurs conduite par RopGonggrijp et Willem-Jan Hengeveld, a conclu après un mois d'études que: « *N'importe qui, ayant un accès bref aux périphériques, à n'importe quel moment avant une élection, peut obtenir un contrôle complet et pratiquement indétectable des résultats de l'élection* ». Les chercheurs affirment qu'il est de loin plus facile de manipuler une machine à voter qu'un bulletin de vote en papier.

En 2017, le Professeur Docteur John Malala professeur (Congolais) de l'université de la Floride centrale (aux Etats Unis d'Amérique) a conçu un *logiciel pour la simulation du vote électronique* qui démontre les dangers d'utilisation d'une machine à voter en RD Congo en ce moment très critique et avec une Commission Electorale Indépendante instrumentalisée. Il faut signaler ici que le Professeur Docteur John Malala est un informaticien, ingénieur concepteur et programmeur. Il a très bien expliqué et démontré comment on peut programmer le micro contrôleur de la machine à voter ou le logiciel de vote au préalable pour lui faire afficher le résultat voulu par son programmeur au détriment de la vérité des urnes telle qu'exprimée par le peuple.

Dans son logiciel, le Professeur Docteur John Malala a pris un exemple de cinq candidats auxquels il a attribué des votes de manière inégale avec beaucoup plus moins de vote au candidat plus impopulaire. A la clôture du vote, le candidat le plus impopulaire à qui il n'avait attribué que deux seules voix (sa voix et celle de sa femme) est sorti gagnant de l'élection car c'est ce que lui, en tant que programmeur avait demandé à la machine de faire. Au départ, c'est-à-dire au début du vote, le programmeur a bien montré qu'il n'y avait pas de chiffres pré-stockés dans la machine en faveur de tel ou tel autre candidat. Ce logiciel a été testé par d'autres ingénieurs informaticiens, programmeurs et concepteurs. Des étudiants de la même université l'ont aussi testé et tous ont trouvé que le logiciel répondait très bien à la volonté de son programmeur c'est-à-dire celle de voler les votes des autres candidats en faveur du candidat de son choix. Le Professeur Docteur John Malala a également reconnu qu'il ya en République Démocratique du

Congo d'autres ingénieurs informaticiens capables de faire ce même travail. La Commission Electorale Nationale Indépendante de la RD Congo aurait également ces informaticiens programmeurs parmi ses techniciens… avec ce système même on déployait des observateurs électoraux et des témoins des candidats ils ne seront pas capables de détecter la tricherie car c'est une tricherie électronique.

C'est après avoir visualisé ce grand travail fait par ce savant (Congolais) dont le Professeur John Malala que j'ai compris pour quoi le gouvernement en place appuie sa Commission Electorale Nationale Indépendante (CENI) dans la démarche d'utiliser la machine (à voler) pour les prochains scrutins en RD Congo. Il n'y a pas longtemps, Monsieur Corneille Nangaa, président de la CENI avait déclaré que le non usage de la machine à voter retarderait les élections de plusieurs mois ou années en République Démocratique du Congo.

Comment expliquer la sourde oreille des différents acteurs tant nationaux qu'internationaux à la sonnette d'alarme de l'église catholique, qui, par le biais de la CENCO (Conférence Episcopale Nationale du Congo) craint déjà que cette machine ne soit la source d'une contestation qui va une fois de plus mettre le pays à feu et à sang?

Au lieu d'ouvrir un vrai débat sur la question, le Président de la CENI qui a réceptionné quelques machines s'est plu à déclarer: «*il n'y aura pas d'élections en décembre 2018 sans machine à voter*». Pourtant, tous les éléments sont réunis pour démontrer que se précipiter à aller aux élections avec cette machine et dans les conditions actuelles de manque de consensus serait organiser le scrutin par défi et exposerait le pays à des nouvelles violences et cette fois-ci les plus sanglantes.

Il s'agit d'une machine de fabrication Sud-coréenne qui, en première vue, ressemble à un écran tactile et qui utilise la langue française comme interface de communication. Elle aurait été plus efficace si elle permettait d'interagir avec elle dans les quatre langues nationales pour permettre à la plus grande frange de la population d'être en mesure de l'utiliser.

Il se pose également des questionnements sur la passation du marché qui selon la CENI serait un gré à gré vu le délai. Il se pourrait en outre que le vice-président de la CENI dont le fils est conseillé dans la même institution aurait travaillé pour le fabricant après ses études en Corée du Sud.

La CENI a pensé bien faire d'introduire dans le processus électoral une nouveauté qu'est la machine à voter. Cette nouveauté continue pourtant à susciter une grande controverse au sein de la classe politique. L'opposition congolaise s'est exprimé de manière catégorique contre cette machine; la CENCO a préconisé le recours à une expertise extérieure et intérieure avant d'apporter son avis. L'ambassadrice Nikki Haley a dit déjà en octobre dernier à Kinshasa qu'un tel recours représentait un risque colossal et de renchérir en février que les Etats unis souhaitent le recours à des bulletins papiers pour qu'il n'y ait pas de doutes sur le résultat.

• *Fonctionnement (selon Jean-Pierre Kalamba rapporteur de la commission électorale);*

L'électeur glisse un seul bulletin dans la machine (à voler) pour les trois scrutins, pour chacun, les photos des candidats apparaissent sur l'écran tactile. En suite vous aurez un message tel que: pour choisir votre candidat, touchez sur sa photo. La machine zoome sur le candidat choisi. Il est possible d'annuler son choix en cas d'erreur. La Machine imprime les trois noms choisis selon les scrutins au dos du bulletin de vote, que l'électeur glisse dans l'urne après l'avoir plié. Le dépouillement sera alors fais manuellement.

L'opposition considère que la machine à voter, loin d'assurer la simplification des opérations comme la CENI la présente, serait une piste de tricherie et un changement de règles de jeu.

La CENI estime que sans la machine à voter le scrutin ne saurait se tenir dans le délai. Monsieur Nangaa le président de la CENI lors d'une interview de la RFI le 14 février s'exprime ainsi: si on n'utilise pas ce système de la machine à voter, « il faudra passer alors commande de des bulletins de vote en Afrique du Sud et que dans ce cas-là, le scrutin ne pourra pas avoir lieu avant avril 2019».

Le point 39 du calendrier électoral présenté par la CENI du 7 octobre au 15 novembre 2018 prévoit *«impression conditionnement et livraison aux 15 hubs des bulletins de vote, des procès-verbaux et des fiches de résultats».* Ce document n'a jamais fait allusion aux machines à voter ni encore à l'impression des bulletins par l'électeur dans le bureau de vote.

Le professeur Sammy Bofando, expert en automatisation électronique et enseignant à l'Institut Supérieur d'Informatique, Programmation et Analyses (ISIPA), s'est exprimé au Journal du citoyen par rapport à cette machine à voter proposée par la CENI en disant:

«… Ce système de vote via la machine présente plusieurs dangers surtout lorsque les informations se passent au niveau de l'internet."

Il ajouté qu'au-delà de tout ce qui est dit, cette méthode présente aussi beaucoup d'avantages. C'est le cas de la simplification du bulletin de vote, la bonne visualisation de la photo du candidat, la rapidité du vote, l'impression du bulletin avec choix de chaque électeur et le recours à l'urne pour un bon comptage.

Le professeur Bofanda met en garde tout de même contre un fonctionnement qui peut être facilement influencé par les utilisateurs.

Les dangers peuvent provenir de Kinshasa ou des personnes censées programmer ces machines. Elles peuvent faire en sorte que les candidatures des uns puissent bénéficier de plusieurs voix par rapport à d'autres. C'est ainsi que la CENI doit maintenant se mobiliser pour lutter contre la tricherie, et mettre en place un esprit de transparence dans la programmation de ce système. Si la CENI ne recourt pas à des mesures de sécurités efficaces au centre national de traitement, il y aura tricherie (Sammy Bofanda, n.d).

- *La machine à voter comme frein (à l'exercice de la démocratie et germe d'instabilité post électorale).*

La machine à voter est un véritable frein à l'exercice de la démocratie et germe d'instabilité post électorale. Soixante milles (60.000) machines à voter seront réparties dans tous les bureaux de vote, la population congolaise est majoritairement rurale et même en ville le taux de pénétration de la technologie et de l'électronique est très bas d'où le risque d'utilisation erronée ou abusive de cet outil informatique. Le nombre des personnes qui font usage des nouvelles technologies d'information et de communication (NTIC) se concentre dans la tranche d'âge de 25 à 34 ans. Selon une étude de Target Sarl de la RD Congo.

Le taux d'accès à l'internet permet de visualiser approximativement une certaine maitrise de ces outils NTIC. La RD Congo connait un taux d'accès à l'Internet trop bas de 3,9% occupant la 46ᵉ place sur 58 lorsque la moyenne africaine est de 28% en 2015. Avec une espérance de progression de 11% en 2016 la RD Congo compte 3.109.182 internautes selon le site Web de l'agence ECOFIN.

Dans ses archives info du 21 février 2018, TV5 Monde a relayé une information selon la quelle le gouvernement Coréen a dûment expliqué au fabricant Coréen des machines à voter les risques potentiels en cas d'exportation. Le gouvernement a ajouté qu'exporter leurs machines au Congo pourrait donner au gouvernement Congolais un prétexte pour des résultats indésirables…notamment le retard de la tenue des élections.

Il s'agit d'un outil inconnu pour la majorité d'électeurs, en outre la CENI ne prévoit pas d'isoloir à ce stade pour garantir le caractère secret du vote.

La sécurisation des données enregistrées sur les serveurs ne laissent pas les analystes sans se poser de questions;

Un manque de consensus sur ce mode de vote reste très grand à 9 mois des élections, la bonne vieille méthode du bulletin papier semble mieux rassurer la population.

L'issue du scrutin ne serait en aucun cas pacifique tant qu'un consensus n'est pas trouvé sur l'utilisation ou non de la machine à voter.

Chapitre 4

La Commission Electorale

La Commission Electorale Nationale Indépendante, CENI en sigle ne rassure pas les acteurs au processus électoral en République Démocratique du Congo. La crédibilité et l'indépendance de ses membres soulèvent des multiples interrogations. Si au niveau de la majorité présidentielle l'on semble s'accommoder avec la commission électorale actuelle, à l'opposition, les choses ne sont pas vues de cette façon. La société civile aussi, disons, la plus représentative ne se reconnaît pas dans le travail qui est ou qui sera abattu par l'équipe actuelle. Les différentes composantes vont jusqu'à renier les membres qui les représentent au sein de la centrale électorale.

Le nœud du problème est à chercher à la genèse même de cette commission électorale. Il convient ici d'interroger les conditions qui ont prévalues à la mise en place de la présente Commission électorale Nationale Indépendante. La loi créant cette institution d'appui à la démocratie a été votée au niveau des deux chambres du parlement (Assemblée nationale et Sénat) dans un contexte extrêmement difficile dont l'histoire du pays se rappellera avec la douleur la plus atroce dans la cheville de sa démocratie.

En effet, au lendemain des élections présidentielles et législatives du 28 novembre 2011, élections que différentes organisations nationales et internationales ne se sont pas réservées de qualifier de « chaotiques », la veine de la confiance était sensiblement effritée, si pas totalement rompue entre différents acteurs. D'un côté, le groupe de l'opposition avec en tête Etienne Tshisekedi wa Mulumba, Président de l'UDPS (Union pour la démocratie et le progrès social) se réclamait vainqueur de la Présidentielle. Pourtant l'opposant historique de la République démocratique du Congo était crédité de 32% des suffrages exprimés et placé 2ème derrière le candidat de la Majorité Présidentielle (MP), Joseph Kabila Kabange (présenté comme indépendant) qui a recueilli au moins 48% selon les résultats publiés par la Commission Electorale Nationale Indépendante, CENI en sigle. Une autre grande figure de l'opposition, Vital Kamerhe, Président National et candidat de l'UNC (Union pour la nation congolaise) à la magistrature suprême, porté par le regroupement politique AVK (Alternance Vital Kamerhe) obtient quant à lui près de 8% et est classé 3ème après Etienne Tshisekedi.

Vital Kamerhe et les siens s'engageait dans une contestation judiciaire de l'élection du Président Kabila à la cour suprême, alors que Tshisekedi accentuait la pression populaire sur le régime qu'il accuse de lui avoir volé sa victoire. C'est la fameuse lutte pour l'impérium qui a fait des dizaines de morts et compté des centaines de blessés et d'interpellés dont certains se trouvent encore détenus dans les grandes prisons et autres centres de détention et de rééducation du pays. C'est dans ce contexte que Joseph Kabila a été investi Président de la République à l'issue d'une pompeuse et officielle cérémonie à la cité de l'Union africaine du Mont Ngaliema à Kinshasa par la cour suprême. Au même moment Etienne Tshisekedi va prêter serment à son tour en qualité de président de la République démocratique du Congo dans sa résidence de la commune de Limete à Kinshasa. On est là devant deux Chefs de l'Etat congolais, l'un considéré comme légal (Joseph Kabila) et l'autre se réclamant légitime (Tshisekedi). La crise ne faisait que commencer, mais un commencement qui se fait accompagner d'un cortège de violences à travers toute l'étendue du territoire national.

Bien que l'opposition politique n'ait pas pu obtenir gain de cause contre le régime en place, ni à la Commission électorale Nationale Indépendante, CENI en sigle, ni à la cour constitutionnelle, ni au niveau des cours régionales et internationales. Il faut dire que les « graves » irrégularités qui ont émaillé les élections de 2011 n'ont pas laissé indifférente la communauté tant nationale qu'internationale. Tous ont condamné des fraudes énormes, les bourrages des urnes et autres irrégularités, qui, selon la mission de l'Union Européenne n'avaient aucune incidence sur l'ordre d'arrivée des candidats. Un point de vue qui créditait donc la thèse de la réélection du Président Kabila. Mais à ce dernier, les partenaires de la RDC ont recommandé de dialoguer avec l'opposition pour trouver un compromis.

Ce compromis devait, non seulement permettre de mettre en place les conditions d'une gestion concertée et pacifique de la période postélectorale, mais aussi et surtout rétablir la confiance entre les acteurs en vue des élections provinciales, urbaines, municipales et locales qui restaient à organiser en 2012 (selon le calendrier de 2011). Ce consensus devrait aussi planter le décor des élections apaisées à tous les niveaux en 2016.

Malheureusement, aucun dialogue n'a put avoir lieu entre les parties. Les élections locales n'ont jamais eu lieu depuis 2006 et les différents acteurs politiques ont gardé leur méfiance les uns contre les autres. C'est dans ce même climat de méfiance généralisé que se préparent les prochaines élections.

L'opposition institutionnelle va demander la restructuration de la Commission Electorale Nationale Indépendante (CENI) avec à la clé le départ de tous les membres qui composaient la centrale électorale et qui étaient accusés à tort ou à raison d'être à la solde du régime. Ici, ce sont les individus qui étaient visés, notamment le Président de la commission, le Pasteur Daniel Ngoy Mulunda et ses collaborateurs, et non le système général de l'organisation des élections. Ainsi commence une guerre de type « hôte-toi de là que je m'y mette », mettant de côté toute rationalité. Chaque camp veut positionner les siens au bureau et à la plénière de la CENI afin de leur permettre de gagner le vécu quotidien. Place au partage d'un gâteau chaud à avaler!

C'est dans ce contexte que la CENI actuelle est mise en place sur fond de contestation les uns des autres et de méfiance mutuelles. Qu'à cela ne tienne, les hostilités sont lancées et vont se jouer au parlement, un parlement où mouvance présidentielle, forte de ses plus de 350 sur 500 Députés et près de 70 sur 108 Sénateurs impose sa loi. Sans surprise, elle se taille la part du lion…

Dans sa composition actuelle, cette CENI mise en place sur fond des tensions ne rassure pas du tout. Elle est présidée par un laïc issu de la sous composante « églises » de la société civile. Pourtant, Corneille Nangaa, car c'est de lui qu'il s'agit, est contesté par bon nombre de structures de la société civile dont l'église catholique qui pense avoir été flouée dans la désignation de cet ancien collaborateur de l'abbé Apollinaire Malumalu (ancien président de la CENI décédé en 2016). Le clergé dénonce une main noire dans la désignation de l'actuel patron des élections qu'il accuse d'être à la solde du régime en place.

Le Vice-président de la CENI est issu du PPRD (Parti du Peuple pour la Reconstruction et la Démocratie), le parti du Président de la République

Joseph Kabila, Norbert Basengezi Katintima est considéré comme l'un des collaborateurs les plus proches du Chef de l'Etat. Il a été son Ministre de l'agriculture, pêche et élevage avant d'être élu Député national pour le compte du parti présidentiel. Les opposants au régime Kabila et autres acteurs de la société civile accusent l'actuel Vice-président de la CENI d'être celui qui doit veiller à ce que l'institution applique à la lettre les injonctions de la majorité au pouvoir. Avec lui, quatre autres haut gradés de la mouvance présidentielle dont la Questeur (Gérardine Kasongo Ngoy), le Rapporteur adjoint (Onésime Kukatula Falash) et trois membres de la plénière (Keta Lokondjo, Augustin Ngangwele et Emery Kaputu).

L'opposition compte trois délégués, eux aussi, des acteurs politiques patentés dont Jean-Pierre Kalamba (Rapporteur), siégeant pour le compte de l'UDPS, Nadine Mishika (Questeur Adjointe) déléguée du MLC, Gustave Ombaet Benjamin Bangala (membre de la plénière) représentant l'UNC.

En plus du Président Corneille Nangaa Yobeluo, deux autres délégués de la société civile siègent à l'Assemblée plénière de la centrale électorale dont Elodie Ntamuzinda et Jean-Baptiste Ndundu. Ces derniers sont considérés par bon nombre d'observateurs comme des membres de la MP injectés par ruse à la CENI pour faire le jeu du pouvoir.

Aller aux élections dans les conditions actuelles avec une Commission électorale Nationale « Indépendante » politisée jusqu'à la moelle épinière et qui ne rassure pas serait faire le lit de la contestation qui va engendrer à coup sûr des violences postélectorales très graves. Ces dernières pourront être plus atroces que la crise actuelle et plongeront le pays dans une rivière de troubles.

• *Composition*

La Composition de la commission électorale nationale indépendante se présente de la manière suivante:

	Noms	Fonction	Composante
1	Corneille Nangaa Yobeluo	Président	Société Civile
2	Norbert Basengezi Kantintima	Vice-Président	PPRD

3	Jean-Pierre Kalamba Mulumba N'galula	Rapporteur	UDPS
4	Onésime Kukatula Falash	Rapporteur adjoint	PALU
5	Géraldine Kasongo Ngoy	Questeur	Majorité présidentielle
6	Nadine Mishika	Questeur Adjoint	Opposition politique
7	Marie Desanges Keta Lokodjo	Membre	
8	Benjamin Bangala Basila	Membre	
9	Elodie Ntamuwinda W'igulu	Membre	Société civile
10	Gustave Omba Bindimono	Membre	UNC
11	Jean Baptiste Ndundu Nsituvila Membre	Membre	
12	Noël Kaputu Ngombo	Membre	
13	Augustin Ngangwele Mbobi	Membre	

Déjà au lendemain de son institution, le 19 janvier 2013, Jonas Tshomba président de la nouvelle société civile s'insurge contre ce qu'il qualifie de la politisation à outrance de la CENI, il estimait déjà qu'il y aurait manque de confiance si les membres de la société civile n'étaient pas mieux représentés dans le bureau et l'assemblée plénière.

Il a traité les reformes de la CENI en ces termes: « ce sont des reformes où la commission d'appui à la démocratie est devenue une commission d'appui aux politiques. Celle-ci risque de nous ramener à un nouveau cycle des violences dont la population sera victime et non ceux qui l'ont organisé ». Il estimait que la société civile devrait comptait 60% de membres du bureau et 60% des membres de la plénière. En son temps il avait promis de militer pour que cette réforme soit une réelle reforme en utilisant toutes les voies du droit.

Certains agissements du gouvernement démontrent de la suprématie du gouvernement sur la CENI, il s'agit notamment de cet acte. Le 11 juillet 2017 à la grande surprise de congolais, le vice premier ministre et ministre de l'intérieur annonce le calendrier de l'élection des gouverneurs de nouvelles provinces prévues entre le 27 et le 31 juillet 2015, cette prérogative est du ressort de la CENI; c'est seulement deux semaines plus tard que la CENI présentera son calendrier pour les mêmes élections les fixant au 31 août 2015 2015 cfr. décision n°013/CENI/BUR/15 du 23 JUILLET avant de le reporter au 6 octobre 2015 cfr. décision n°014/

CENI/BUR/15 du 28 JUILLET. Il s'agit d'une manifestation flagrante d'une inféodation.

Alain Joseph Lomandja considère quant à lui que la CENI est sous contrôle. Hors mis le fait épinglés ci-haut démontrant l'ingérence de l'exécutif dans les matières relevant de la CENI, il fait également un parallélisme entre la CEI et la CENI, bien que la CEI n'était pas non plus indépendante, elle se dédouanait de la tutelle du politique grâce à sa composition et à son mode de fonctionnement. Il fait ressortir ce qu'il appelle le consensus de la surreprésentation de la classe politique dans l'administration électorale.

L'administration électorale est attendue indépendante par la constitution, mais certaines lois viennent réduire la portée de son autonomie:

• *Composition*

La Commission Nationale Electorale Indépendante (CEI) fut composée de vingt et un membres dont trois par composante et deux par entité ayant participée au dialogue inter-congolais.

La CEI comptait en son sein sept commissions pilotées par les représentants des composantes et entités.

La CENI par la loi organique N°10/013 du 28 juillet 2010 portant organisation et fonctionnement de la CENI pose en son article douze ce principe: « les membres de la CENI sont choisis parmi les personnalités indépendantes reconnues pour leur compétence, intégrité morale, probité et honnêteté intellectuelle». Entretemps, l'article dix de la même loi stipule que: «la plénière de la CENI est composé de sept membres dont quatre désignés par la majorité et trois par l'opposition à l'assemblée nationale"

• *Mode de désignation de membres*

Alain Joseph Lomandja relève ici que les personnalités indépendantes sont désignées par la majorité et l'opposition. Il semble que lors d'une réunion de la commission Justice et Paix, Corneille Nangaa déclare que les sept membres de la plénière sont issus de la société civile mais seulement désignés par les forces politiques à l'assemblée nationale. Il s'avère que les forces politiques au lieu de désigner les personnalités indépendantes, elles ont désigné leurs propres membres ou des personnalités politiques très proches. On est donc passé des membres de la CENI « désignés par » aux membres « désignés au sein de» la majorité et de l'opposition. De la même manière que le politique a primé sur le juridique et le technique lors du passage en force du scrutin à un tour lors de l'élection du président de la république encore une fois la CENI y a sacrifié une partie de son indépendance.

Il ressort que la CEI avait sacrifié son indépendance sur l'autel de la représentativité partisane elle était ainsi sous le contrôle politique bien que ce contrôle était équilibré. (Représentativités des composantes signataires des accords des dialogues inter-congolais). Pour assurer cet équilibre chaque membre du bureau présidait une de sept commissions de la CEI et le président assurait une coordination générale.

La loi créant la CENI aggrave cette politisation de la centrale électorale, la CENI sera géré par un organe unique. La loi parle de trois délégués de la société civile et laisse transparaitre que les dix autres sont des personnalités politiques issues de la majorité et de l'opposition. La marginalisation de la société civile va rompre l'équilibre issue des accords de Sun city, ceci un recul quant à l'indépendance de cette institution.

Il s'en suit également de la guerre dans l'ombre pour la récupération des délégués de la société civile pour bénéficier de leur soutien.

D'autres facteurs limitant l'indépendance de la CENI selon Alain Joseph Lomandja sont:

- Le choix constant du modèle politique au détriment du modèle des experts;
- Le manque de professionnalisme du personnel de la CENI (politiciens), formation continuelle;
- L'instabilité du mandat des membres de la CENI dont mandat de 6 ans, étant une émanation des forces politiques de l'assemblée nationale qui est d'une législature de 5 ans perturberait la CENI toute les fois que la majorité changerait et voudrait contrôler à son tour la CENI

- La dépendance financière de la CENI vis-à-vis du gouvernent. Il a suffi une fois de priver des moyens la CENI pour que les élections n'aient pas lieu
- Le poids de la communauté internationale
- Le dysfonctionnement des autres institutions influent grandement sur la crédibilité de la CENI et son indépendance, il s'agit notamment de la cour constitutionnelle, du gouvernement et de l'assemblée nationale où les choix ont une implication sur la crédibilité de la CENI
- Une collaboration tendue avec les parties prenantes

• *La révision du fichier électoral (pour élaguer les doublons et l'enrôlement des congolais vivant à l'étranger).*

Lors de son intervention au conseil de sécurité de nations unies à New York, Mr. She Okitundu, Vice-premier Ministre et Ministre des affaires étrangères a annoncé la fin de la révision du fichier électoral depuis le 31 janvier 2018 et annoncé que la CENI allait s'atteler sur l'identification et l'enrôlement des congolais vivant à l'étranger. Avant de remettre le fichier à l'assemblée pour la d'adoption de la loi sur la répartition des sièges, la CENI passera au toilettage de ce fichier. L'adoption de la loi sur la répartition des sièges constitue la dernière contrainte institutionnelle à la tenue des élections à l'échéance prévue selon le Ministre She Okitundu.

Il persiste des questionnements sur plusieurs cas d'enregistrement des mineurs qui a été relevé par le rapport des évêques sur l'enrôlement des électeurs. Par exemple dans le Kasaï, certains enfants dont l'âge varie entre 5 et 12 ans ont été trouvés avec des cartes d'électeurs. Ces enfants qui ne connaissaient même ce que signifie une carte d'électeurs avaient été trompés par leur chef de village qu'il s'agissait plutôt d'une carte pour leur faciliter en tout sécurité le déplacement de leur village au village voisin.

Le chef du village avait trompé aux parents de faire enrôler tous leurs enfants pour qu'ils aient des cartes de voyage pour se déplacer d'un village à un autre. Etant donné qu'il y avait déjà un conflit dans le milieu, les parents s'étaient précipités à s'enrôler et faire enrôler leurs enfants dans le but de les protéger lors de leur voyage d'un village à l'autre.

• *Nombre d'électeurs enrôlés*

Les nombres d'électeurs enrôlés dans certaines provinces ont attiré l'attention des observateurs. Il s'agit notamment de la nouvelle province du Sankuru qui est une province issue du découpage de l'ancien Kasaï. Il ressort que cette entité avait enrôlé quatre cent quarante-trois milles (443.000) électeurs en 2006 et de six cent vingt-deux milles (626.000) électeur en 2011 et la CENI a enregistré cette fois en 2017 plus de un million sept cent milles (1.700.000) soit un accroissement de plus de deux cent quatre-vingt pour cent (280%). La CENI elle-même attendait enrôler huit cent quatre vingt-six milles huit cent quatre vingt-six (886.886) électeurs dans cette entité.

Un autre cas qui interpelle c'est celui de l'ex-équateur où près de cinq million (5.000.000) personnes ont été inscrites en 2017 loin devant Kinshasa qui comptait pourtant trois million (3.000.000) d'habitants de plus que 2015, d'après l'Institut National de Statistique.

La CENI avait déclaré être en train d'étudier les raisons de cette hausse brusque selon le porte-parole de l'institution et il mettait déjà cet excédent sur le compte du retour des déplacés de la région et l'enrôlement par anticipation des mineurs de 16 ans.

Toujours en rapport avec le nombre d'électeurs enrôlé au Sankuru, Martin Fayulu avait à son temps attiré l'attention de la CENI sur le nombre exceptionnellement important des personnes enrôlées dans cette nouvelle province. Il avait écrit sur son fil Twitter: « la CENI prépare la fraude à grande échelle. En voici la preuve Kinshasa, province la plus peuplée a moins d'électeurs ».

• *Configuration (actuelle de la CENI)*

La configuration actuelle de la CENI est un autre frein à l'exercice de la démocratie et germe d'instabilité post électorale. Ici la politisation de la composition de la CENI est un handicap majeur et source de contestation.

Son inféodation au pouvoir a, à plusieurs reprises, été décriée par les acteurs politiques de l'opposition. Son fonctionnement la rend plus dépendante des autres institutions et elle est donc à la merci du gouvernement. Elle est bloquée et retardée par l'assemblée nationale majoritairement kabiliste. La cour constitutionnelle quant à elle a gâché sa crédibilité surtout dans la gestion des contentieux.

La conduite des élections avec la même composition et le même mode de fonctionne est une garantie de la contestation.

L'opinion publique sur la CENI n'est pas la meilleure en ce temps selon une étude de BERCI, 69% de congolais n'ont aucune confiance à la CENI. Je crois que selon le développement de la situation, ce pourcentage serait augmenté de quelques cinquante-cinq pourcent pour le porter à cent vingt-quatre pour cent.

• *Le calendrier électoral*

Le Calendrier électoral (décision 065 /CENI/BUR/17 DU 5 NOV 2017 portant publication du calendrier des élections présidentielles, législatives, provinciales, urbaines, municipales et locales) a été publié fin 2017. Il prévoit les élections présidentielles, législatives nationales et provinciales. Ce calendrier porte en lui-même les germes de son caractère « irréaliste ». Lorsque la centrale électorale publie un calendrier et y ajoute une panoplie de préalables, c'est une sorte de fuite en avant pour préparer l'opinion à accepter soit des reports systématiques, soit des irrégularités dans l'organisation.

Le calendrier qui, actuellement sert de boussole à la Commission Electorale Nationale Indépendante (CENI) a retenu entre autres des préalables d'ordre financier (le déboursement par le gouvernement des quelques million de dollars prévues dans le budget électoral), juridiques (le vote de toutes les lois nécessaires à la tenue d'élections générales dont la loi électorale, la loi sur la répartition des sièges), la sécurité, etc.

Le président de la CENI avait déclaré en décembre 2017 que 504 jours sont nécessaires pour organiser les trois scrutins prévus par la loi électorale ce qui ramenait l'élection présidentielle au mois d'avril 2019. Ceci a irrité la quasi-totalité de l'opposition qui tenait au départ de Joseph

Kabila au 31 décembre 2017. Après le passage à Kinshasa de Nikki Haley ambassadrice des Etats Unis auprès des Nations Unies, la CENI a présenté le 5 novembre 2017 un calendrier où cette durée fut réduite à 306 jours et plaçant l'élection présidentielle au 23 décembre 2018.

Le président de la CENI, monsieur Corneille Nangaa a déclaré: « ce calendrier a été élaboré sous la pression de la communauté internationale, des acteurs politiques et de la société civile congolaise ». Cette déclaration fut un faux-fuyant, pendant que la contestation est à son plus haut niveau pour le départ de Joseph Kabila à la fin de 2017. Il laisse entrevoir que c'est sous une pression qu'il publie ce calendrier qui du reste accorde un gain incommensurable à la majorité présidentielle en lui accordant encore une année supplémentaire au pouvoir.

Cette date n'est toujours pas de nature à décrisper la crise politique plaçant le départ présumé de Joseph Kabila au 12 janvier 2019.

• *Les grandes contraintes*

1. Contraintes d'ordre légal:

- Adoption de la loi portant organisation des élections présidentielles, législatives nationales, provinciales, urbaines, municipales et locales tenant compte du calcul de quotient électoral pour la répartition des sièges.
Date butoir: 30 Novembre 2017
Institution responsable: Parlement
Niveau d'avancement: réalisé

- Promulgation de la loi portant organisation des élections présidentielle, législatives nationales, provinciales, urbaines, municipales et locales tenant compte du calcul de quotient électoral pour la répartition des sièges.
Date butoir: 15 décembre 2017
Institution responsable: Présidence de la république
Niveau d'avancement: réalisé (loi promulguée le 24 décembre 2017)

- Publication et mise à la disposition de la CENI de la liste actualisée des partis politiques agréés.
Date butoir 21 décembre 2017

Institution responsable: le Gouvernement
Niveau d'avancement: réalisé (liste remise par le ministre de l'intérieur Henri Mova Sakanyi le 26 mars 2018)

- Publication et mise à la disposition de la CENI de la liste actualisée des regroupements politiques agréés.
Date butoir: 26 mars 2018
Institution responsable: Gouvernement
Niveau d'avancement: réalisé le 26 Mars 2018

- Adoption de la loi portant répartition des sièges pour les législatives nationales, provinciales, urbaines, municipales et locales.
Date butoir: 23 avril 2018
Institution responsable: le parlement
Niveau d'avancement: x

- Promulgation de la loi portant répartition des sièges pour les législatives nationales, provinciales, urbaines, municipales et locales.
Date butoir: 8 mai 2018
Institution responsable: Présidence de la république
Niveau d'avancement: x

- Formation et renforcement des capacités opérationnelles des magistrats des cours et tribunaux.
Date butoir: 23 juin 2018
Institution responsable: Conseil supérieur de la magistrature
Niveau d'avancement: x

- Mise à la disposition de la CENI de la liste des autorités coutumières en vue des préparatifs de la cooptation.
Date butoir: 25 octobre 2018
Institution responsable: Gouvernement
Niveau d'avancement: x

2. Contraintes financières

- Actualisation du plan de décaissement des fonds pour la prise en charges des opérations électorales présidentielle, législatives nationales, provinciales, urbaines, municipales et locales.
Date butoir: 30 novembre 2017
Institution responsable: Gouvernement
Niveau d'avancement: x

- Elaboration d'un plan de mise à disposition des fonds pour l'appui aux opérations électorales présidentielle, législatives nationales, provinciales, urbaines, municipales et locales.
Date butoir: 30 novembre 2017
Institution responsable: partenaires financiers
Niveau d'avancement: x

- Elaboration d'un plan de mise à disposition des moyens pour l'appui logistique à l'organisation des opérations électorales présidentielle, législatives nationales, provinciales, urbaines, municipales et locales.
Date butoir: 30 novembre 2017
Institution responsable: MONUSCO
Niveau d'avancement: en décembre 2017 une promesse de décaissements de l'ordre de 30 à 40 million de dollars par mois avait été faite par le gouvernement pour le financement du processus.

- Respect de l'exécution du plan de décaissement des fonds: mise à la disposition de la CENI des fonds suivant le planning financier mensuel arrêté.
Date butoir novembre 2017 - décembre 2019
Institution responsable: Gouvernement
Niveau d'avancement: 30 million en janvier et 22,65 million en mars

3. Contraintes logistiques

- Autorisation de la constitution de la centrale d'achat des matériels et équipements électoraux
Date butoir: 17 janvier 2018

Institution responsable: Gouvernement
Niveau d'avancement: x

- Mise à la disposition de la CENI des moyens logistiques adéquats pour les déploiements des matériels électoraux.
Date butoir 12 avril 2018
Institution responsable: Gouvernement et partenaires
Niveau d'avancement: x

- Début de déploiement des matériels électoraux aux sites de formations
Date butoir: 12 mai 2018
Institution responsable: x
Niveau d'avancement: x

4. *Contraintes politiques et sécuritaires*

- Maitrise et encadrement des troubles éventuels généralisés ou localisés susceptibles de perturber le processus électoral
Date butoir: permanent
Institution responsable: Gouvernement et MONUSCO
Niveau de réalisation: x

- Encagement et volonté politique dans l'accompagnement du processus électoral par toutes les parties prenantes
Date butoir: Permanent
Institution responsable: Partis politiques et société civile
Niveau d'avancement: x

Si les dates butoirs liées à chaque contrainte ne sont pas respectées la CENI a exprimé sa crainte de voir le scrutin une fois de plus repoussée ou une remise en question de l'ensemble des opérations électorales.

Déjà a première vue deux contraintes majeurs accusent un niveau d'avancement inquiétant, il s'agit de la contrainte liée aux questions de sécurité et celles en rapport avec les financements. En effet plusieurs situations d'insécurité demeurent en Ituri et à Beni; le gouvernement s'y implique mollement et cela inquiète grandement les observateurs et la population locale.

En rapport avec le financement seulement cinquante-deux million six cent cinquante milles dollars Américains (52.650.000$) ont été déboursés sur un engagement de quatre vingt-dix à cent et vingt million de dollars Américains (120.000.000$). En effet le gouvernement avait promis de débourser mensuellement trente million de dollars Américains (30.000.000$US) à quarante million de dollars Américains (40.000.000$US) par mois pour le trois mois passés. Seulement cinquante-deux milles six cent cinquante milles de dollars Américains (52.650.000$US) ont été déboursés. L'inquiétude grandit quant à la capacité à couvrir le reste du processus électoral.

Chapitre 5

La Cour Constitutionnelle

La cour constitutionnelle de la RD Congo fut créée le 18 février 2016 et compte 9 membres en son sein. Trois membres sont désignés par le président de la république. Trois autres sont désignés par le parlement (majoritairement Kabisliste) et trois derniers par le Conseil Supérieur de la magistrature qui serait aussi instrumentalisé et corrompue à cause de la misère.

A ces débuts, la cour constitutionnelle de la RD Congo fut considérée comme une entité indocile et qui échappait à la mainmise de Joseph Kabila.

Déjà en mi-octobre 2016, elle avait écrit ses marques de noblesse lorsque quatre de neuf juges qui la composent avaient séché l'audience qui devait autoriser ou non la Commission Electorale Nationale Indépendante (CENI) à organiser les élections au-delà des délais constitutionnels.

Sous la pression cinq jugés avaient siégés en violation de la loi qui voudrait que la cour ne délibère valablement qu'en présence de tous ses membres sauf empêchement temporaire de deux d'entre eux dument constaté par les autres membres.

Plusieurs tentatives de démantèlement de cette cour et de modification de son mode de fonctionnement ont été initiées par le gouvernement, notamment le projet de loi tendant à modifier la composition et le fonctionnement de la cour constitutionnelle. Ce projet de loi a été d'abord présenté à l'assemblée nationale de manière irrégulière par le ministre de la justice en non le premier ministre comme le veut la loi après discussion en conseil de ministre.

Cette loi est enfin passée en septembre 2017 permettant à la cour de siéger valablement avec 5 membres pour des affaires ne portant pas sur les élections ou au referendum. Ces deux matières n'exigeant que la présence de trois juges en l'état actuel de la législation. Ce fut donc la consécration du déséquilibre politique et institutionnel.

La cour constitutionnelle qui est la plus haute juridiction du pays, celle qui est aussi appelée à statuer sur des contentieux électoraux ne rassure plus alors que c'est bien elle qui devrait sauver la nation. Elle est alors accusée d'être totalement inféodée au pouvoir. L'opinion nationale l'accuse d'être une « caisse de résonnance » de la mouvance présidentielle. La Constitution de la RD Congo a souffert de plusieurs cas de violations par le pouvoir en place et a déjà subit autant de modifications dans le but de maintenir le président Joseph Kabila au pouvoir. La cour constitutionnelle ne fait qu'avaliser toutes ces violations et modifications de la constitution du pays.

Le fait d'avoir approuvé en octobre 2016 le report de l'élection présidentielle et autoriser Monsieur Joseph Kabila, dont le second et dernier mandat expirait le 19 décembre 2016, à rester en fonction a beaucoup contribué à la perte totale de crédibilité de cette cour. Le rejet en date du 30 mars 2018 des trois requêtes en inconstitutionnalité de la loi électorale vient renforcer ce sentiment. A mon humble avis il est très imprudent d'aller aux élections avec une cour constitutionnelle inféodée au pouvoir.

Les dites requêtes sollicitaient l'annulation de certaines dispositions de la nouvelle loi électorale promulguée en décembre par Joseph Kabila. La Cour a considéré que le seuil d'éligibilité n'est pas une exclusivité de la loi congolaise.

En effet, toutes les affaires portées devant cette cour ont jusque-là été traitées en faveur de la famille politique de l'actuel président de la république. Il découle de ce qui précède que la cour constitutionnelle évolue dans un contexte d'indépendance fragile. D'abord théoriquement les membres sont désignés par le président de la république, le Conseil supérieur de la magistrature et le parlement, il s'avère que les deux autres organes sont réellement assujettis au même président Joseph Kabila; ainsi donc dans la pratique Joseph Kabila désigne les 9 juges de la cour. Et pourtant ils jouissent d'une inamovibilité durant 9 ans, ce qui devrait renforcer leur indépendance.

Parmi les déboires et les mésaventures de cette cour constitutionnelle figurent entre autres:

- Autoriser à Kabila de rester en fonction au-delà du mandat constitutionnel;
- Autoriser à la CENI d'organiser les élections au-delà de la période réglementaire;
- Le renvoi des requêtes en annulation des certaines dispositions de la loi électorale.
- …/…

Chapitre 6

Crise sur la Fraude de Nationalité

En date du 22 mars 2018, l'hebdomadaire Jeune Afrique a publié dans son édition de ce jour un titre en rapport avec de la nationalité de Moïse Katumbi qui, pourtant, s'était déjà annoncé comme candidat président de la république en RDC. Il s'avère que ce dernier fut un citoyen italien de 2000 à 2017. « *Le nom du richissime homme d'affaires Congolais figure bel et bien dans le registre de l'état-civil de la mairie de San Vito Dei Normanni,* une petite ville dans le sud de l'Italie, sous le nom de Moïse Katumbi d'Agnano* ». Ce qui semble être un coup dur pour ce candidat déclaré. Immédiatement après le 27 mars le Procureur Général de la République a ouvert une information judiciaire à l'encontre de Monsieur Katumbi quant à sa nationalité. Il lui est reproché d'avoir usé de faux documents pour se faire élire député et d'obtenir par la suite le poste du gouverneur et d'usurpation présumée de la nationalité congolaise.

En effet, la constitution congolaise à son article 10 stipule que la nationalité congolaise est une et exclusive et ne peut être détenue concurremment à une autre nationalité. Seuls les détenteurs de la nationalité congolaise d'origine peuvent prétendre se porter candidats à la magistrature suprême. Monsieur Katumbi devrait donc recouvrer d'abord sa nationalité congolaise qu'il a déjà perdue pour prétendre se présenter comme candidat président de la RDC. Ce même Katumbi Moïse, durant la période entre 2000 et 2017, a été gouverneur de la riche province du Katanga et grand chantre du parti de Joseph Kabila et cela n'a posé aucun problème à l'époque. L'opposition a dû crier à l'acharnement et a même menacé d'ouvrir ce qu'elle appelle la boite de pandore.

La question de Nationalité est un long débat en RD Congo. Dans un passé récent lors de l'investiture des députés issus des élections de 2006, il s'est avéré que plusieurs élus détenaient autre une nationalité en plus de la nationalité congolaise. En effet, après plusieurs années des guerres, certains venaient de l'exil où ils s'étaient expatriés pour d'autres raisons et ont pu acquérir d'autres nationalités. L'assemblée nationale de ce temps avait alors accordé un moratoire de trois mois devant permettre aux élus de lever une option sur la nationalité qu'ils garderont chacun. Ce moratoire n'a pas été levé 12 ans plus tard.

Ainsi, plusieurs ministres en RDC sont Belges, Français, Américains… Un des cas emblématique fut celui de Samy Badibanga (Belge) qui fut désigné Premier Ministre. Il a présenté un document justifiant le recouvrement de sa nationalité congolaise mais n'a jamais renoncé à la nationalité Belge et ces cas sont légion aussi bien dans la majorité kabiliste que dans l'opposition politique.

Certaines personnes sont revenues sur les réseaux sociaux sur la question de la nationalité du président de la république et sa filiation à Laurent Désiré Kabila. D'aucuns évoquent sa formation militaire en Tanzanie après sa scolarité qui n'est réservée qu'aux nationaux.

Il se peut que cette situation désintègre toute la stratégie d'une partie de l'opposition qui s'est galvaudée autour de Moïse Katumbi. A présent, dans certains sondages ce dernier est le mieux positionné quant aux intentions de vote en tant que président de la RDC. Pour Antoine-Gabriel Kyungu wa Kumwanza, coordonnateur de la plateforme électorale « Ensemble pour le Changement » dans le Grand Katanga a dit au cours d'une conférence de presse le 28 mars 2018 qu'il s'agit ni plus ni moins d'un acharnement voire d'une cabale politicienne destinée d'empêcher à tout prix Moïse Katumbi de concourir à la présidentielle. Les hiérarques de la mouvance présidentielle rétorquent que le contexte électoral ne met pas entre parenthèse le primat de la loi. Pour des élections apaisées le respect de la loi électorale est d'ailleurs un élément capital. Et donc, pour eux, attirer l'attention de l'opinion et des électeurs sur cet aspect de la loi électorale est de bonne guerre.

Des analyses des experts du droit ressort que Monsieur Katumbi ne saurait concourir au scrutin prévu le 23 décembre 2018 tant qu'il n'a pas recouvré la nationalité congolaise d'origine.

Les chefs coutumiers du Haut-Katanga sont unanimes, Moïse Katumbi est descendant de nos ancêtres, de ce fait il est bien congolais disent-ils. Une déclaration des chefs coutumiers fut produite où Mr Moïse Katumbi est présenté comme issu de la lignée royale de Bayeke par sa mère. Il reste donc à Moïse de prouver sa nationalité congolaise et le recouvrement de celle-ci s'il l'avait perdue.

La question de la nationalité a souvent été une question épineuse en RDC depuis l'indentification des nationaux en 1985. Plusieurs dignitaires du régime de Mobutu ont été traités d'étrangers. La constitution actuelle paraît plus conciliante que la conscience populaire qui notamment considère les Banyamulenge comme de citoyens rwandais ou encore la plupart de membres de l'ethnie Tutsi ou Hutu du Nord-Kivu et du Sud-Kivu.

La question de nationalité est liée à celle de la tribu et de l'ethnie, plusieurs foyers d'insécurité dans le pays ont notamment comme soubassement cette question identitaire que ce soit l'expulsion de Kasaïens du Katanga en 1990 ou que ce soit la cohabitation des Banyamulenge et les autres ethnies au Sud Kivu ou encore que ce soit les Lendu et Hema. Il s'agit donc d'une fibre identitaire très sensible que les politiciens utilisent savamment pour s'assurer un positionnement.

La question de la nationalité fut un élément de campagne utilisé contre Joseph Kabila lors des élections de 2006 et 2011. La Majorité Présidentielle (MP) veut-elle jouer la même carte contre Katumbi? Il est possible que cela ait comme retour de la manivelle de contestation vu la popularité dont jouit cette personne dans certains milieux. L'opinion s'accorde pour considérer ce cas comme de l'acharnement.

Chapitre 7

La Guerre des Dauphins

Joseph Kabila a épuisé ses deux mandats constitutionnels depuis le 19 décembre 2016. Il revient qu'aux prochaines élections, la majorité présidentielle se choisisse un autre candidat à présenter pour son compte. Malheureusement non seulement les élections ont été à plusieurs reprises repoussées mais aussi Joseph Kabila n'a jamais déclaré qu'il ne participera pas aux élections bien que la loi ne le lui autorise pas. Son ministre de communication et porte-parole du gouvernement Monsieur Lambert Mende essaie de justifier ce silence par le fait que Joseph Kabila n'a pas l'obligation légale de déclarer la non candidature. Cette situation soulève plusieurs controverses aussi bien dans l'opposition que dans le camp de la Majorité Présidentielle. Aucun signe n'apparait quant à un choix pour son successeur.

On a vu depuis la fin de 2017 une course au positionnement. Certains acteurs de la majorité présidentielle essaient de se placer dans une situation favorisant un choix à leur faveur comme successeur de Joseph Kabila jusqu'à créer une sorte de lutte interne au sein de la majorité présidentielle.

La libre de Belgique titre dans sa parution du jeudi 8 mars que la désignation d'un dauphin fera exploser le parti de Kabila

Les présumés candidats à la succession.

- **Aubin Minaku Ndjalandjoko:** actuel président de la chambre basse du parlement. Son récent diplôme de décembre 2017 est perçu dans ce cadre de se positionner en ordre utile pour bénéficier du choix du Raïs. En effet, il a pu défendre sa thèse de doctorat en droit à l'université de Kinshasa. Il est qualifié de successeur naturel de Joseph Kabila car il jouit d'une certaine confiance de ce dernier. Originaire d'Idiofa et a fait ses études primaires et secondaire à Lubumbashi ceci lui donne un avantage sur cet échiquier géopolitique de la RDC. Sa loyauté au Raïs a influencé la manière de mener les débats au sein de l'hémicycle. Ceci pourrait être un handicap pour asseoir un consensus au tour de sa personne.

- **Matata Ponyo:** Ancien premier ministre et ancien Directeur de BCECO est pressenti également comme favori à la succession dans le camp du président Joseph Kabila. Il vient également de défendre sa thèse en économie à l'université protestante du Congo. Plusieurs voix se sont levées pour contester la procédure d'octroi de ce diplôme. En effet, les analystes pensent qu'il s'agit d'une course au positionnement au sein de la majorité. C'est d'ailleurs dans ce cadre que Ramazani Shadari chef du PPRD, parti présidentiel, est inscrit à l'école doctorale de l'UNIKIN depuis 2015. Matata Ponyo dispose d'une estime incontestée sur le plan international. Néanmoins, au sein de la famille politique de Joseph Kabila il ne fait pas l'unanimité. La stabilité macroéconomique en RDC semble être liée à sa personne. Son départ de la primature a été concomitant avec les difficultés du franc congolais et certains estiment que Matata Ponyo fut l'architecte de la stabilité macroéconomique. Par ailleurs, dans les rues de Kinshasa on a souvent entendu que la stabilité macroéconomique ne se mange pas. La misère de la population est restée en très bonne santé malgré la stabilité macro économique. Certains analystes pensent que sa candidature serait un élément d'acceptation du processus sur le plan international mais sonnerait la désintégration de la majorité présidentielle.

- **Adolph Muzito:** Ancien premier ministre et membre du Parti Lumumbiste (PALU) avait succédé à Antoine Gizenga dans le cadre du deal électoral de 2006. D'aucun estime que la continuité de ce deal pourrait bien porté Muzito à la succession de Joseph Kabila, mais il se peut que des dissensions internes autour du PALU. Ce qui semble l'écarter de plus en plus surtout qu'il vient d'être suspendu du parti au même moment que Guildo Gizenga pour avoir manifesté un éloignement avec la majorité présidentielle. C'était en effet le seul candidat déclaré membre de la majorité présidentielle. Selon le GEC – Groupe d'Etude sur le Congo, il serait crédité de 9% des intentions de vote derrière Katumbi 26%

et Felix-Antoine Tshisekedi 14%, il est ainsi le mieux positionné des probables candidats de la MP. Il garde à son actif l'atteinte du point d'achèvement de l'initiative en faveur des pays pauvres très endettés PPTE en 2010.

- **Martin Kabwelulu:** Membre du PALU, inamovible Ministre de Mines, par lui son passé plusieurs contrats miniers qui sont aujourd'hui décriés et où Joseph Kabila aurait des bénéfices mirobolants. Il est un des hommes de confiance du Raïs et une de proposition émanant du PALU pour la succession à Joseph Kabila.
- **Wolf Kimasa:** Secrétaire permanent du PALU
- **Antoine Gizenga:** Vice-premier Ministre du premier Gouvernement du Congo indépendant, Antoine a été premier Ministre du gouvernement après élection de 2006 dont le rapprochement est dit avoir permis de barrer la route à Jean-Pierre Bemba. Malgré son âge de 92 ans, il a longtemps était pressenti comme probable successeur de Joseph Kabila. Cette hypothèse avait été évoquée lors d'un entretien avec Jacob Zuma ancien Président Sud-africain en octobre 2017 à Kinshasa, assure une source diplomatique africaine basée à Kinshasa (Jeune Afrique, 27 mars 2018).
- **Henri MOVA SAKANYI:** Actuel Vice-premier Ministre et Ministre de l'intérieur, il est issu de l'Alliance des Forces Démocratiques pour la Libération (AFDL). Il fut ministre de transport sous Laurent Désiré Kabila, plusieurs fois ministres et ambassadeur. Il a pris la tête du PPRD, parti présidentiel en 2015, il en est l'un des fondateurs et il vient de piloter une réforme qui établit une fonction de président du parti, un titre qui semble être taillé sur mesure pour Joseph Kabila. Il a ensuite mise en place un organe assez controversé de la jeunesse du parti qui ressemble grandement à une milice du parti. Il est fidèle et loyal au chef de l'Etat que le choix du dauphin en sa faveur ne serait pas un étonnement.

- **Olive Lembe:** Epouse de Joseph Kabila impliquée dans le secteur social serait un choix pour garder la main mise sur le régime et organiser un retour dans un avenir proche.
- Jaynet Kabila: Sœur Jumelle de Joseph, députée élue du Katanga, effacée mais très influente.

Certains analystes estiment qu'une alternance géographique pourrait guider le choix en faveur du futur dauphin. Après deux présidents de l'Est et du Katanga précisément le basculement du pouvoir à l'ouest permettrait un équilibre. Au-delà de cette vision, il semble que le critère de loyauté au Raïs serait un critère déterminant.

Le silence du Raïs sur la désignation de son dauphin fait monter de l'adrénaline aussi bien dans l'opposition qui considère que c'est la manifestation de son vœu de se maintenir au pouvoir, que dans la majorité où, il s'agirait d'une récompense pour la fidélité et la loyauté, mais aussi des tiraillement à l'interne sont perceptibles.

Est-ce que Joseph Kabila craint-il de déclarer son dauphin pour éviter un éclatement de la majorité ? Plusieurs analystes sont de cet avis, très peu de personnes sont en mesure de faire le consensus autour de d'une personne au sein de la majorité présidentielle. Aussi, la situation de l'Angola n'est pas de nature à l'y encourager lorsque le dauphin ne ménage plus son tuteur.

Une désignation du dauphin pourrait contribuer à calmer le jeu et rassurer que Joseph Kabila n'est pas de la course. Ce malaise reste donc entretenu par Joseph Kabila lui même.

On ne le dira jamais assez, les institutions de la RD Congo ont perdu toute leur légalité et légitimité par l'expiration de leur mandat et le refus catégorique du gouvernement d'organiser les élections en 2016. Ces autorités se sont livrées au tripatouillage la constitution du pays à plusieurs reprises en lui infligeant des modifications pour essayer de se maintenir au pouvoir par tous les moyens. La liberté de manifester, pourtant garantie par la constitution, est privée au peuple Congolais qui ne cesse de se déverser dans les rues de la capitale et celles des provinces du pays pour dire trop c'est trop au gouvernement incompétent.

La police et l'armée nationales ont tous perdu leur valeur en se laissant manipulées par le pouvoir en place au lieu d'être au service du peuple. Elles ne tardent pas à tirer à bout pourtant et/ou à balle réelle au pauvre peuple pourtant non armé qui ne demande rien d'autre que des élections crédibles, transparentes et démocratiques. Ils ne considèrent même pas l'article premier de la déclaration universelle des droits de l'homme qui stipule que *tous les êtres humains naissent libres et égaux en dignité et en droits. Ils sont doués de raison et de conscience et doivent agir les uns envers les autres dans un esprit de fraternité.*

Beaucoup d'images disponibles sur YouTube démontrent la barbarie avec laquelle des forces de la police aidées par l'armée Congolaise ont réprimé de manière la plus inhumaine des manifestations organisée à Kinshasa le 31 décembre 2017 pour contester le maintien au pouvoir de Joseph Kabila et sa Majorité Présidentielle (MP).

Ces éléments jadis appelés des forces de l'ordre sont devenus des forces du désordre organisé dans le pays par le pouvoir en place.

Au début de l'année 2018, lors d'une messe en mémoire des victimes de la barbarie policière et militaire du 31 décembre 2017, le Cardinal Laurent Monsengwo Pasinya archevêque de Kinshasa avait qualifié le gouvernement actuel en DR Congo d'un gouvernement des 'médiocres' pour avoir tiré au gaz lacrymogène et à balles réelles sur des chrétiens qui manifestaient pacifiquement contre le maintien au pouvoir du président Joseph Kabila après l'expiration de son mandat constitutionnel.

Dans sa réaction sur ces évènements du 31 décembre 2017, le prélat de l'église Catholique, le Cardinal Monsengwo a déclaré: «Il est temps que les médiocres dégagent et que règnent la place la paix et la justice en République Démocratique du Congo».

Cette position du prélat de l'église catholique à l'égard du gouvernement Congolais a siccité beaucoup de peur dans chef des membres du gouvernement des 'médiocres' en question. Depuis la fin de l'année 2017 jusqu'à ces jours (2018) les torchons brûlent entre le gouvernement et l'église catholique tout simplement parce que celle-ci s'est livrée à dire la vérité et rien que la vérité au gouvernement de la DR Congo. Le peuple meurt de faim, manque des soins médicaux et des infrastructures médicales, les parents continuent à payer les enseignants à tous les niveaux de l'éducation (éducation primaire, secondaire et universitaire) … dans un pays très énormément riches qui regorge tous les potentiels que j'ai cité dans ce livre et bien d'autres dont je n'ai même pas parlé. Les dirigeants Congolais se contentent de remplir leurs poches, remplir leurs comptes dans les pays étrangers. Leurs enfants étudient dans des pays développés et ils se soignent à l'étrangers lorsque eux et les leurs sont malades et n'ont donc aucun intérêt à sauvegarder au pays.

La journée du 16 janvier est un congé sur toute l'étendue de la RD Congo. Le pays célèbre la mort du héros national Laurent Désiré Kabila. Cette date est suivie de celle du 17 janvier date à laquelle le pays commémore la mort d'un autre héros national Patrice Emery Lumumba. En ces dates, des messes sont organisées dans les églises de la RDC à travers toute l'étendue du territoire national. Le 16 janvier 2018, comme de coutume, l'église catholique avait organisée une messe en mémoire de Laurent Désiré Kabila, héros national. Comme il y avait déjà de graves antécédents entre les dirigeants Congolais et l'église catholique qui les avait qualifié des 'médiocres' quelques jours au paravent; ils avaient décidé de ne pas participer à la messe organisée pour cette journée par l'église catholique. Tous les ministres membres du gouvernement aux ventres bedonnants avec leurs familles se sont rendus cette fois au culte organisé par l'Eglise du Christ au Congo (ECC), la cathédrale de l'église protestante en RD Congo.

En se rendant au culte chez les protestants ils avaient pensé échapper ainsi aux critiques désormais farouches affichées contre eux par l'église catholique et tous ses croyants.

Dans son homélie, l'Évêque protestant Mgr. François David Ekofo a plutôt enfoncé le clou et martelé en disant ouvertement à ces dirigeants que la RD Congo était devenu *un pays de non état* c'est-à-dire un pays où rien ne marche. C'est ce que Donald Trump le président Américain a appelé pays de merde au début de l'année 2018.

Voici en substance le message lancé par le prélat protestant le 16 janvier 2018:

«Frères et sœurs, ne cédons pas un millimètre de notre pays à qui que ce soit. Nous avons cette obligation historique devant Dieu et devant l'histoire. Ce que nous avons reçu de nos pères nous devons transmettre cela à nos enfants. Nous avons reçu un pays uni nous devrons transmettre à nos enfants un pays uni. Nous devons transmettre en second lieu à nos enfants un pays riche. Vous savez, Dieu lui-même ne comprend pas pour quoi nous les congolais nous sommes pauvres. Qu'est-ce qu'il n'a pas donné au Congo ? Qu'est-ce qu'il ne nous a pas donné pour que nous soyons classés parmi les pays pauvres ? Quand nous regardons les autres, je ne veux pas citer les noms, ils ne vivent que d'une seule richesse. Il y en a qui vivent du tourisme, il y en a qui ne vive que du pétrole, il y en a qui ne vivent que de la banque; mais nous Dieu nous a tout donné ! Nous avons du pétrole à Muanda et ce n'est pas seulement à Muanda. Chez moi dans la cuvette centrale il y a du pétrole, nous pouvons vivre de ça mais en plus de cela nous avons le coltan que tout le monde cherche dans le monde entier. Nous avons l'or, le diamant et beaucoup d'autres ressources. Vous savez, c'est un péché pour la RD Congo d'être pauvre, nous devrions être parmi les riches nations du monde. Jésus-Christ dit dans Luc 12:48: *On demandera beaucoup à qui ont a beaucoup donné et on exigera davantage de celui à qui l'on a beaucoup confié.* Dieu nous a donné beaucoup et il nous demandera beaucoup également. Nous devons léguer à nos enfants un pays avec une autosuffisance alimentaire. Quand vous prenez l'avions vous circulez dans notre pays et vous regardez la verdure qu'il ya; autant d'espaces vides où nous pouvons cultiver et élever les bêtes et nous ne le faisons pas mais nous importons la nourriture de l'extérieur, c'est vraiment inadmissible pour la RD Congo ! … nous pouvons importer certaines choses. Je reconnais que nous ne sommes pas avancés du point de vue technologie mais dépenser le peu que nous avons pour importer à manger c'est vraiment inadmissible pour le Congo. Nous devons léguer à nos enfants un pays où l'Etat existe réellement. Je dis réellement parce que j'ai l'impression que l'état n'existe pas vraiment… ».

Il a poursuivi en donnant des exemples palpables pour appuyer son intervention.

L'Evêque protestant ne s'était pas arrêté là, avant de finir sa prédication, il s'est également adressé aux ambassadeurs et autres chefs des représentations diplomatiques des pays développés qui étaient aussi présents au culte. Il leur a demandé, sans passer par le dos de cuillère, d'aider la DR Congo à sortir de l'abime où elle est entrain de rouler tête première. En ses propres termes il a dit: « … aidez le Congo. Si vous aidez quelqu'un qui est malade, quand il sera en bonne santé il ne vous oubliera pas ».

Cette prédication que tout le monde avait qualifié de spéciale a pris plus d'une heure en présence du Premier Ministre Bruno Tshibala, la première dame Olive Lembe Kabange, les ministres, leurs familles et amis. Des nombreux compatriotes congolais, y compris moi-même, avaient été très

Prof. Justin B. Mudekereza

contents de suivre le propos de ces deux prélats (catholique et protestant). Depuis ce jour là (le 16 janvier 2018), cet homme de Dieu a été considéré comme une bête noire pour le pouvoir en place qui a maintenu le pays dans ce que j'appelle la radicalisation de l'autoritarisme.

46

Chapitre 8

La Décrispation du Climat Politique

La décrispation du climat politique a été recommandée par les accords de la Saint-Sylvestre. Il s'agit du chapitre V des accords du dialogue global inclusif du centre interdiocésain de la Conférence Episcopale Nationale du Congo (CENCO) dits accords de la « Saint Sylvestre ».

Il était attendu du gouvernement de poser certaines actions allant dans le sens d'apaisement et de promotion de la paix sociale pour permettre un environnement serein pouvant préparer les élections. Parmi ses actions il s'agissait notamment de demander la mise en place d'une commission des hauts magistrats pour examen au cas par cas des dossiers des prisonniers politiques et d'opinion, des bénéficiaires de la dernière loi d'amnistie qui ne sont pas encore libérés, des exilés et réfugiés politiques;

Certaines personnes ont été libérées mais jusqu'en juillet 2017 plus 170 personnes étaient encore détenues du fait de leurs opinions politiques ou d'activités citoyennes légitimes selon le bureau conjoint des nations unies aux droits de l'homme.

Il avait été recommandé que le cas Eugene Diomi Ndongala soit suivi par la CENCO que celle-ci prenne des initiatives en vue d'une solution appropriée et satisfaisante. Aussi, les cas Moïse Katumbi et Jean-Claude Muyombo furent remis au suivi de la CENCO.

Les évêques et le Haut-commissariat des nations unies aux droits de l'homme ont déjà demandé le retour au pays en homme libre de l'opposant Moïse Katumbi mais Kinshasa continue à faire la sourde oreille.

En fin février 2017, il a été refusé à Moïse Katumbi de renouveler son passeport à Bruxelles, une action qui va dans le sens opposé de l'esprit de l'accord.

Il avait été demandé à l'autorité en charge des médias d'assurer l'ouverture des médias fermés dans les 15 jours qui suivaient la signature des accords. Plusieurs médias demeurent fermés par le pouvoir en plus obstruant ainsi la liberté de la presse et par voie de conséquence la liberté d'opinion.

Aussi, le dialogue avait demandé au gouvernement d'assurer une assistance aux familles des victimes des violences du 19 et 20 septembre 2016 ainsi que ceux d'autres manifestations pacifiques réprimées. Très peu d'informations existent en rapport avec cette assistance prévue.

Quant au dédoublement des partis politiques, le dialogue avait demandé que le pouvoir mette fin au dédoublement de parti et de rétablir dans leur droit les partis lésés. La Commission National de Suivis des Accords (CNSA) s'est prononcé quant à certains cas notamment celui des membres du G7 qui ont eu gain de cause en demandant aux dissidents de créer de nouveaux partis politiques.

- ARC de Olivier Kamitatu
- UNADEF de Mwando
- PDC de José Endundo
- UNAFEC de Gabriel Kyungu

Le MSR de Pierre Lumbi n'a pas bénéficié de cette mesure et cela paraît plutôt une sorte de règlement de compte du fait que l'accord a stipulé de manière claire et sans équivoque le cas du MSR.

Beaucoup de voix continuent à se lever (sans issue) pour exiger l'application intégrale des accords surtout dans son volet décrispation du climat politique. C'est d'ailleurs l'une des raisons des marches organisées par les laïcs catholiques le 31 décembre 2017 et le 25 février 2018 qui furent soldées par des tueries dont l'assassinat de Mademoiselle Déchade Kapinga une aspirante religieuse et de Monsieur Rossy Tshimanga assistant d'université, tous deux tués tous devant les églises.

La question en rapport avec la description est une manifestation claire que la majorité attend écarter certains challengers à ce stade du jeu démocratique, mais aussi à punir ceux qui se sont écarter de la logique de la majorité. Moïse Katumbi en paie les frais, le maintenir en exil permet de réduire son influence sur la population qui d'ailleurs était entrain de nuire à l'estime du président de la république et en outre faire peur aux autres partisans de la majorité qui tenteraient de quitter la barque à ce niveau.

Il est difficile de présager la suite des événements, mais, ceci prépare une instabilité énorme qui puisse se généralisé sur l'ensemble de la république.

La décrispation du climat politique semble rester la plus grande revendication de l'opposition qui n'a pu obtenir au dialogue la primature qu'elle sollicitait, la réforme de la Commission Electorale Nationale Indépendante (CENI), le non maintien de Joseph Kabila au delà du délai constitutionnel. Tous ces idéaux ont été plombés par la recherche de positionnement politique des membres de l'opposition. La vraie opposition est absente en RD Congo, les opposants sont très pauvres, affamés et donc incapables de résister aux tentations de Joseph Kabila et son gouvernement qui ne veulent pas quitter le pouvoir. Leur objectif est d'anéantir continuellement l'opposition afin qu'ils se maintiennent au pouvoir le plus longtemps possible. Désormais, le parti au pouvoir avec les partis politiques de la majorité présidentielle se frottent les mains par le fait que la pauvre opposition se contente des postes ministériels qui du reste sont, selon moi, un grand piège leur tendu par le pouvoir en place et qui leur entretien plutôt le glissement en très bonne santé.

Au mois de mars, un journaliste de *Congo Reformes* a posé la question à Ministre (ex-opposant) en lui demandant: « Excellence monsieur le ministre, nous ne vous entendons plus critiquer le gouvernement de monsieur Joseph Kabila depuis que vous avez été nommé ministre. Est-ce qu'on peut dire que la situation socio-économique et politique du pays s'est finalement bien améliorée ? ». Le ministre a rit ironiquement et après un petit silence il a répondue en disant: « En Afrique, il n'est pas très poli de parler quand on mange » !

Dans cette situation politique très incertaine dans laquelle la RD Congo se trouve plongée actuellement c'est le peuple qui perd et qui continuera d'en souffrir si l'on n'organise pas des élections libres, transparentes et vraiment crédibles (à travers un gouvernement de transition sans l'actuel président de la république).

Un autre grand problème dans cette décrispation du climat politique voulue par les accords de la Saint-Sylvestre est la libération des prisonniers politiques. Peut être mes lecteurs qui n'ont pas d'information sur la situation politique de la République Démocratique du Congo (RDC) ne comprendront pas que ce que je dis ici est bel et bien une réalité. En effet, la prison de Makala se trouvant dans la capitale Kinshasa est la principale maison pénitentiaire de la république. Elle était construite par le pouvoir colonial Belge pour une capacité d'accueil de mille cinq cent (1.500) prisonniers au maximum. Aujourd'hui cette prison compte plusieurs milliers de personnes. Le nombre de prisonniers serait estimé à quelques huit milles (8.000) détenus.

La plupart des prisonniers se trouvant à la prison de Makala sont des prisonniers politiques et prisonniers d'opinions. Il y a dans la justice Congolaise une infraction qu'on appelle *outrage au Chef de l'état* c'est-à-dire que toute personne qui parle un peu mal contre le président de la république doit être arrêtée et jetée en prison sans aucune autre forme de procès. Personne ne peut plus oser dire que les choses vont mal au pays sans être inquiété ! Le comble du malheur est que ces personnes arrêtées sous cet angle là ne sont jamais jugées. Ils croupissent en prison où elles tombent malades et ne trouvent pas de soins médicaux ni ne sont autorisées d'aller se faire soigner. Je me demande très souvent comment les hommes politiques au pouvoir en République Démocratique du Congo raisonnent ! Ils oublient que le pouvoir qu'ils détiennent aujourd'hui était dans les mains de quelques uns d'autres hier mais qui l'ont abandonné et que donc demain ce même pouvoir quittera leurs mains pour les mains de quelques uns d'autres. Ils pourraient eux-mêmes par la voie d'éventualités se retrouver dans les mêmes conditions que ces prisonniers qu'ils font beaucoup souffrir actuellement.

Dans cette même prison de Makala on trouve des hommes qui ont été arrêtés depuis 2001 quand mourait le président Laurent Désiré Kabila, au motif que ce sont eux qui avaient assassiné le président Kabila (le père de l'actuel président Joseph Kabila). Il est très difficile voire impossible de comprendre qu'on peut laisser des citoyens du pays, des compatriotes, des êtres humains en prison pendant plus de 16 ans *sans jugement rendu par la justice*. Ils sont donc en prison parce que tel ou tel politicien ne veut pas qu'ils disent la vérité sur de l'événement qui leur est reproché, c'est-à-dire l'assassinat du feu président Laurent Désiré Kabila. A mon humble avis il doit y avoir par ces détenus un témoin gênant qu'on n'a pas réussi à abattre au moment des faits. Alors, on a trouvé que les maintenir tous en prison sans jugement serait une autre façon et peut être la meilleure de faire taire la vérité. Il faut être anormal pour ne pas se poser la question de savoir comment expliquer que le président Joseph Kabila, fils du feu président Laurent Désiré Kabila ne soit pas intéressé à connaitre la vérité sur cet assassinat s'il ne connait pas cette vérité là? A mon avis, s'il ne connaissait pas la vérité, il se serait déjà précipité à instruire sa justice, car c'est pour lui qu'elle travaille, de juger ces « criminels » accusés d'avoir perpétré l'assassinat de son père. Oh Ciel ! Il y a donc à boire et à manger dans ce dossier d'assassinat de Mzee Laurant Désiré Kabila mais un jour la vérité finira par être connue de tous car il n'y a rien qui reste caché ici bas...

La prison de Makala et bien d'autres prisons de la RD Congo sont un véritable mouroir. Le comble du malheur est que bon nombre des prisonniers sont innocents, ils sont là incarcérés tout simplement parce qu'ils ont exprimé des opinions différentes de celles du pouvoir en place au pays. Personnellement, en tant qu'activiste des droits humains, je classe cette situation des prisonniers d'opinion et prisonniers de l'assassinat de Mzee Laurent Désiré Kabila parmi tant d'autres situations qui ne peuvent pas permettre un bon déroulement des élections crédibles et incontestées en République Démocratique du Congo. Je n'ai pas oublié de parler des conditions de détention dans ces prisons qui sont en tout cas très inhumaines qu'on ne peut pas trouver de pareilles dans d'autres pays du monde, c'est donc une exclusivité de la RD Congo.

Les détenus de la prison centrale de Makala sont logés dans des conditions qui empirent au jour le jour, a constaté jeudi 28 janvier un reporter de Radio Okapi. La surpopulation carcérale à Makala a franchi un seuil inquiétant, selon certains détenus et autorités pénitentiaires qui se sont exprimés sous le couvert de l'anonymat.

Construite par le pouvoir colonial pour une capacité d'accueil de 1500 prisonniers, la prison centrale de Kinshasa accueillait 6.000 prisonniers en 2014, et 6.600 en 2015. Et depuis le 15 janvier, ce chiffre est passé à 7.400 détenus. Plusieurs centaines de personnes jamais jugées sont des détenus de droit commun. A Makala, on rencontre même des personnes écrouées depuis de longs mois pour injure publique, simple bagarre ou insolvabilité. Les 11 pavillons de la prison se trouvent dans un état crasseux. Certains couloirs dégagent l'odeur des urines. Dans les pavillons, les pensionnaires partagent des toilettes communes. Les fosses septiques attendent l'aide des volontaires des organisations caritatives pour être vidées, indiquent des sources de cette prison.

Répartis dans des cellules de 2m et demi, les prisonniers se prennent en charge lorsqu'ils tombent malades et avouent qu'ils prennent leur douche rarement par manque d'eau. «Le gouvernement n'a jamais pensé à l'hébergement des mineurs. Notre repas est constitué de haricot mélangé au maïs que nous appelons 'vungule', une deformation de l'expression 'vous mourez' », indiquent quelques détenus (Radio Okapi, janvier 2016).

Les prisonniers sont extorqués par les agents de l'ordre commis à leur garde et les membres des familles et amis qui viennent visiter les prisonniers sont obligés de payer une somme d'argent aux agents à la garde afin d'avoir une autorisation de visite.

La Voix des Sans Voix (VSV) pour les droits de l'homme déplore le rançonnement des visiteurs qui viennent assister leurs proches détenus à la prison centrale de Makala. Dans une déclaration faite mardi 12 mai 2015 à Radio Okapi, le chargé d'enquête de cette association, Timothée Bikwiza, recommande au ministre de la Justice et au directeur de la prison de faire cesser « sans délai » cette pratique érigée en mode de gestion dans cette maison carcérale.

«Ces pratiques se déroulent aux vues et aux sus de toutes les autorités de l'administration pénitentiaire. Les visiteurs doivent consigner argent et téléphone contre une somme de 500 Fc (0,54$US)», a affirmé Timothée Bikwiza.

Il a indiqué qu'à l'entrée du bâtiment administratif, des agents commis à la fouille des visiteurs demandent à leur tour « de l'eau » [de l'argent].

Selon Timothée Bikwiza, il existe aussi une administration parallèle constituée de prisonniers qui contrôlent des visiteurs. *«Les gens remettent une somme de 1000 Fc (1,08$US) pour obtenir en échange un jeton avant d'accéder à la salle d'audiences ou aux pavillons. Pour l'hébergement dans une cellule convenable, les prisonniers payeraient des sommes qui coûterait très chères et se feraient en échange d'un montant qui varierait entre 50 et 300 $US »*, a ajouté Timothée Bikwiza.

Il a aussi plaidé pour la poursuite de la politique de désengorgement en accélérant les libérations conditionnelles des détenus. Pour sa part, le directeur de la prison centrale, le Colonel Thaddée Kabisa, dit reconnaître ces pratiques qu'il attribue à la surpopulation de la maison carcérale. Il affirme avoir attrapé lui-même des policiers en train de rançonner les visiteurs. Mais après avoir obtenu leur relèvement des fonctions, il se dit désagréablement surpris de les revoir quelques jours plus tard réoccuper à nouveau leurs postes.

«*Quand nous attrapons un policier ici en train de rançonner et que nous demandons à l'autorité de le sanctionner, il faut que l'autorité les sanctionne. Je suis étonné de voir les mêmes policiers rentrés ici*», a déploré le colonel Thaddée Kabisa. Il a déclaré avoir 'fouillé les policiers rançonneurs' devant les visiteurs. «*On a extrait des billets de banque dans leurs poches. Je les ai chassés. Ici, nous avons besoin des visiteurs. C'est pourquoi on a même érigé un abri pour les protéger contre les intempéries. Quand un service responsable fait un communiqué sans nous communiquer, c'est malhonnête*», s'est indigné le colonel Thaddée Kabisa.

Le directeur de la prison dément néanmoins le payement de 300$US de la part des prisonniers VIP. « *Ce n'est pas vrai. La surpopulation carcérale a des conséquences. Les anciens détenus vendent tout aux nouveaux et supposent que celui qui vient de la maison a plus de moyens que celui qui vit longtemps ici* », a expliqué le colonel Thaddée Kabisa (Radio Okapi, Août 2015).

Chapitre 9

Budget National vs Coût
Global des Elections

Le budget de la RDC promulgué par le chef de l'Etat le 24 décembre 2017 était de dix milliards trois cent treize million trois cent milles (10.313.300.000) francs congolais soit dix million trois cent treize milles (10.313.300). Il est inférieur de celui de l'année précédente qui était de onze milliards cinq cent vingt-quatre million cinq cent milles Francs Congolais (11.524.500.000FC) soit une baisse de 10,5% en monnaie nationale.

Lorsqu'on l'exprime en dollars, cinq milliards contre six et demi milliards (au taux de change à la fin de l'année (1934FC pour un dollar américain), il accuse une baisse de 35% par rapport au budget de l'année 2017 ce qui suscite des réelles questions quant à la volonté d'organiser les élections en 2018. Ces élections sont censées couter quatre cent trente-deux million de dollars Américains (432.000.000$US) avec la machine à voter et cinq cent cinquante-quatre million de dollars Américains (554.000.000$US) avec les bulletins papier.

Malgré la faiblesse du budget national de l'année en cours, le gouvernement confirme sa volonté de financer seul l'ensemble du processus électoral. Le président Joseph Kabila l'a dit dans son message à la nation à la fin de l'année 2017. Il a fait ici appel à la notion de la souveraineté nationale. Le plan de décaissements, d'ailleurs prévus dans l'accord global et inclusif de la saint-sylvestre, prévoit un décaissement de 30 à 40 million de dollars à partir de janvier 2018. Il faut rappeler que le budget de l'année antérieure (2017) prévoyait un montant de sept cent soixante-quatre million de dollars Américains (764.000.000$US) et pas un seul sous ne fut décaissé cette année-là en rapport avec le processus électoral proprement dit. Seul le budget de l'enrôlement fut décaissé où un solde de soixante dix million de dollars Américains (70.000.000) est resté sans être transféré à la CENI.

Dans le rapport d'analyse du budget par la société civile, elle fait ressortir notamment le fait que le gouvernement a résiné sur les moyens et n'a pas rehaussé les prévisions budgétaires pour la sécurité et pourtant la sécurité est l'une des conditions sine qua non à la réalisation des élections. Elle avait recommandé en son temps qu'une ligne budgétaire spéciale soit accordée à la police pour l'encadrement de la mission électorale.

Une autre inquiétude est le fait que le taux d'exécution du budget national sur plusieurs années est souvent très bas et donc déficitaire. Nous référant uniquement au budget 2017, l'on constate que les réalisations de recettes globales n'avoisinaient que 37% des assignations en novembre 2017 (4.079,10 milliards des francs congolais sur des prévisions de 11.000 milliards de francs congolais quant aux dépenses, elles furent de 3.886,20 milliards de francs sur 11.000 milliards soit une réalisation de 35%.

Durant toute l'année 2017, la rémunération de l'ensemble du personnel de l'Etat a constitué la plus grande charge des dépenses publiques, elle dépassait le 50% de l'ensemble des dépenses.

Le rapport de la Banque Centrale du Congo pour le premier trimestre de 2018 place le taux d'exécution du budget national au 16 mars à 14,52 % pour les recettes et 11,35% pour les dépenses. Si l'exécution reste linéaire elle ne sera qu'à 56,8% pour les recettes et 45,4 % pour les dépenses.

Le gouvernement ne saurait garantir cette fois un taux de réalisation des recettes de plus de 50%; ce qui met un sérieux doute notamment sur la capacité à financer les élections. Un espoir serait du côté de la hausse des cours des matières premières en 2018 notamment le prix du cobalt qui pourrait venir à la rescousse du budget national. Mais encore une fois, le code minier ne serait-il pas de nature à décourager les investissements dans cet environnement d'incertitude politique afin de trouver une autre raison de manque de moyens pour la tenue des élections?

Le budget de la CENI est de quatre cent trente-deux million six cent quarante-deux mille six cent quatre vingt treize dollars Américains (432.642.693$) soit environs 9% du budget national. Si cette fois le gouvernement parvient à un taux de réalisation du budget de 50% c'est qui est déjà un grand exploit, le gouvernement réalisera 2,5 milliards des recettes. S'il affecte comme dans les années passées la moitié des recettes aux salaires du personnel. Seulement 1,25 milliard de dollars resteraient disponibles. Quid alors du secteur de la sécurité qui l'un des préalables aux élections ? Quid des frais de fonctionnement qui prennent jusqu'à 15% du budget ? Des questions restent donc pendantes.

Est-il possible de comprimer le budget de la CENI ?

Pour la CENI, on ne touche pas aux machines à voter qui prennent à elles seules plus de 36% du budget global de la CENI arguent que les bulletins papier couteraient encore plus chers et rallongeraient les échéances.

Cent et cinq mille cent quarante-neuf (105.149) exemplaires des machines à voter au prix unitaire de mille cinq cent dollars Américains (1.500$US) ce qui porte le cout total à cent cinquante-sept million sept cent vingt-trois mille cinq cent dollars Américains (157.723.500$US).

Il apparait dans le document de la CENI que bien d'autres postes sont réellement de l'ordre de la fantaisie et peuvent bien être réduits sans influencer la qualité de l'organisation des élections.

C'est le cas notamment de la rubrique: Matériel et équipement électoraux (pagnes, parapluie, t-shirt) le tout estampés :

- 2.600.000$US pour l'acquisition des pagnes
- 400.000$US pour acquisition des t-shirts
- 350.000$ S pour l'acquisition des jackets
- 1000000$ S pour l'acquisition des képis
- 75.000$US pour l'acquisition des parapluies
- 50.000$US pour l'acquisition des porte-clés
- 75.000$US pour l'acquisition des drapeaux

Le gouvernement avait promis de verser régulièrement à la centrale électorale 30 à 40 million de dollars chaque mois pour permettre la réalisation des opérations prévues à l'organisation des élections. C'est ce qu'avait déclaré le 12 février 2017 le Vice-Premier ministre Léonard She Okitundu devant le conseil de sécurité des nations unies à New-York. Cette somme est en deçà de celle annoncée en décembre 2017 par le Ministre Lambert Mende Omalanga porte-parole du gouvernement Congolais. Celui-ci parlait d'un déboursement mensuel de 60 million pour les opérations électorales.

Le 28 mars 2018, un montant de 22,65 million de dollars fut mis à la disposition de la CENI par le gouvernement. Cette mise à disposition des fonds vient après celle de janvier 2018 qui était de 30 million de dollars. Il sied de relever que le gouvernement n'avait pas apuré les engagements financiers pris pour l'enrôlement des électeurs. Un reliquat de soixante-dix million de dollars Américains (70.000.000) persistait dont le transfert attendait toujours (zoom-eco.net, 2018)

Un total de 52.650.000$US a été débloqué par le gouvernement sur une enveloppe de 432.642.693$US soit 12% du montant attendu. Considérant que les déboursements sont prévus jusque fin novembre, un effort particulier est attendu du gouvernement pour débloquer d'avril à novembre (8 mois) la somme de trois cent soixante dix million neuf cent quatre vingt douze mille six cent quatre vingt treize dollars Américains (379.992.693$US) soit un versement mensuel de quarante-sept million quatre cent quatre vingt dix-neuf mille quatre vingt-sept dollars Américains (47.499.087$US).

Selon moi ce processus électoral est déjà coincé et il est plus que nécessaire de penser autrement pour sauver le peuple Congolais du danger qui en découragera!

L'Observatoire des Dépenses Publiques (ODEP) a publié le 12 janvier 2018 dans un communiqué qu'il affirme avoir mené une analyse de l'évolution des prévisions et de l'exécution des crédits alloués à la CENI. Cette organisation citoyenne note le manque de transparence des fonds mis à la disposition de la centrale électorale.

L'ODEP considère que le CENI ne communique que très peu sur l'allocation des ressources à sa disposition « seules quelques dépenses inutiles sont mentionnées ».

Chapitre 10

Le Nouveau Code Minier

Le vendredi 9 mars 2018, le président de la république a promulgué le nouveau code minier en l'état de son adoption par le parlement. Ce code vient en remplacement de celui conçu en 2002 considéré comme très favorable aux investisseurs au détriment de la RDC. Mais il faut rappeler qu'il s'agissait d'un code obtenu à la sortie des périodes de guerre et donc le but fut celui de faire les yeux doux aux investisseurs.

- **Les grandes reformes apportées par le nouveau code:**

  - Réserver 10% de l'actionnariat à des nationaux congolais privé. (c'est là qu'intervient tout le débat sur les acquisitions minières de Dan Gertler, de Zoe Kabila et d'autres proches du régime);
  - Hausse de royalties de 2 à 3,5% du chiffre d'affaires réalisé sur les minerais classiques tels que l'or et le cuivre;
  - Hausse de royalties de 2 à 10% sur les minerais dits stratégiques comme le cobalt;
  - Création d'une taxe de 50% sur les profits exceptionnels, quand ils sont supérieurs de 25% au business plan présenté au démarrage de la mine. (surtaxe des superprofits);
  - Augmenter la part de l'Etat de 5 à 10%, augmentée de 5% à chaque renouvellement de permis;
  - Diminuer la durée des permis de 30 ans à 25 ans (clause de stabilité).

- **Les motivations du nouveau code:**

  - Rééquilibrer le partage des revenus extractifs entre les entreprises et l'Etat. Le président de la république avait annoncé que le but

est de faire passer les revenus issus du secteur de 800 million de dollars à 2 milliards de dollars.
- Renégocier l'ensemble de conventions existantes entre la Gécamines et ses partenaires considérant que les conventions antérieures ont spolié le sous-sol du pays et appauvri la population.

En effet, en 2016, selon le cabinet d'audit Mazars, les sociétés internationales minières présentes au Katanga ont réalisé 2,6 milliards de dollars de revenus, sur le quel seulement quatre vingt-huit million de dollars (88.000.000$US) ont été versés à la Gécamines.

Il est en outre reproché aux entreprises d'avoir surestimé les investissements et de sous évaluer la production pour éviter les taxes et aussi un surendettement artificiellement entretenu.

Des menaces d'expropriations ont été lancées aux entreprises si les négociations échouaient.

Cap Robert Friedland directeur Invanhoe Mines dans le Katanga dit: « nous serions ravis de payer plus si nous étions sûrs que cela profite aux communautés et à la région où nous travaillons ». NRGI a exprimé, dans une tribune publiée dans le Financial Times, son manque de confiance dans la gestion des revenus issus de l'extraction minière en RD Congo. Le nouveau code minier ne cible pas la corruption qui gangrène le secteur minier… En effet, plus de sept cent cinquante million de dollars Américains (750.000.000$US) de recettes fiscales n'ont pas pu atterrir dans les caisses de l'Etat entre 2013 et 2015 selon l'ONG Global Witness qui estime que seulement 6% des revenus miniers sont arrivés dans les caisses de l'Etat.

Il faut rappeler que plusieurs licences ont été obtenues à prix cassés et revendus au prix du marché. C'est là qu'intervient le très controversé congolais d'origine israélienne Dan Gertler. Qui est de tous les scandales miniers en RDC et très proches de Monsieur Kabila.

Jeune Afrique dans sa publication du 2 mars 2018 dit: «pour les connaisseurs du secteur et du pays, le lien entre les réformes entreprises et la situation politique est évident …, les tensions sociales et politiques sont exacerbées, et le secteur minier constitue un réservoir d'argent frais dont Joseph Kabila ne peut se passer».

- **Impacts sur les élections:**

On perçoit un certain malaise dans le secteur depuis les discussions sur le nouveau code. Certains géants mondiaux du secteur sont présents en RD Congo. Ils sont entre autres: Glencore (Canada), ChinalMolybdenum, CDM (Chine), Randgoldresources, Ivanhoe Mines et d'autres ne cachent pas leurs inquiétudes et certains ont dû se retirer de la fédération des entreprises du Congo considérant que ce syndicat ne protège pas suffisamment leurs intérêts.

Dernière l'idée noble de permettre à l'Etat d'avoir plus des ressources, plus d'un observateur pensent qu'il s'agit d'une occasion d'enrichissement parce que l'administration fiscale reconnue pour sa propension à la fraude n'a pas changé et l'on craint que cette aubaine ne serve qu'à enrichir encore uniquement les caciques du régime en cette période pré-électorale.

Un deuxième agacement possible et la réduction des investissements dans le secteur, si les investissements dans le secteur se réduisent, il en découlera sans doute une compression de la main d'œuvres et du recours aux PME sous-traitant; donc encore plus de tensions sociales et politiques à la veille des élections.

Le code minier en question est souverainiste mais apparait comme non opportun dans une situation de crise sociale.

Chapitre 11

La Duplication des Partis Politiques

Cette pratique est apparue comme une des stratégies de la majorité présidentielle pour désintégrer l'opposition. Il s'est avéré que certains membres des partis politiques ne portaient pas l'idéologie du parti ou la lutte en faveur d'une démocratie, mais plus un souci de positionnement. Le parti politique est pris pour un tremplin à accéder aux fonctions politiques. La situation sociale et économique de la RDC qui est très précaire a facilité la mise en œuvre de cette stratégie qui passe par l'octroi des postes politiques et les gains monétaires.

La duplication des partis qui a été la plus médiatisée a concernée les partis politiques membres du G7. Il s'agit du groupe des partis politiques qui ont quitté la majorité présidentielle en septembre 2015. Ils avaient estimé en ce temps que la majorité ne laissait pas entrevoir des indicateurs d'organisation des élections en 2016 comme le prévoyait la constitution. Ces partis politiques membres du groupe de 7 (G7) ont pendant longtemps été aux affaires et ont contribué à la mauvaise gestion du pays avec le président Joseph Kabila depuis son accession au pouvoir en 2002 pour certains et depuis les premières élections de 2006 pour d'autres. Ils sont notamment:

- UNADEF
- UNAFEC
- MSR
- MSDD
- ACO
- PDC
- ARC

Après avoir cheminé ensemble sur des voies très glissantes qui ont amenée les Congolais dans la misère actuelle, ce groupe de 7 partis politiques (G7) a pris l'initiative d'écrire au président de la république pour la troisième fois afin de le sensibilisé au respect de la constitution. Pendant plusieurs années ces mêmes membres de ce groupe ont aidé Joseph Kabila à violenter la constitution et les lois du pays. Les animateurs de ces partis politiques ont été démis de leurs fonctions respectives et ont rejoint l'opposition. Fort de 87 députés au parlement du pays, cela secoue la majorité au parlement qui devrait revoir les équilibres des forces. La majorité s'est donc investi pour que le quatre vingt-sept (87) députés ne rejoignent pas tous la centaine d'opposant de l'assemblée nationale.

Il s'en est suivi la création au sein de ces partis d'une dissidence qui reniera le leadership de leurs animateurs. Des doublons de partis furent nés et reconnus par les instances habilitées, tous les doublons ont signés la charte d'appartenance à la MP.

Un des cas emblématiques fut celui du MSR, dont le New MSR de Rubota Masumbuko lors d'une conférence de presse annonce que Joseph Kabila serait l'initiateur et l'autorité morale du parti MSR et que cette autorité est déléguée pour une gestion quotidienne à une personnalité. Plusieurs analystes ont exprimé ce qu'ils ont appelé un déni de démocratie lorsqu'une seule personne peut être à la tête de deux partis politiques avec deux visions différentes, deux idéologies différentes, deux projets de société différents fait réfléchir la classe politique.

Un autre cas fut celui de Mouvement pour la Libération du Congo (MLC) qui lors de concertations, Mr. Thomas Luhaka ancien secrétaire général du MLC a rejoint la majorité présidentielle contre toute attente de son parti et fut nommé vice-premier ministre. Le MLC/Luhaka dispose de la même dénomination que le parti du Sénateur Jean-Pierre Bemba, de la même idéologie, des mêmes symboles, etc.

Ces pratiques sont contraires aux prescrits de la loi 04/002 du 15 mars 2002 portant organisation et fonctionnement des partis politiques. Tout cela est bien organisé au très haut niveau dans le but de déstabiliser, de diviser l'opposition politique Congolaise et de la rendre de plus en plus fragilisée et baliser ainsi le chemin vers une présidence à vue de monsieur Joseph Kabila.

A côtés des partis dédoublés bien avant il y a eu des partis alimentaires et des partis mallettes juste devant perturber l'environnement politique. Ces partis politiques ne disposent ni des sièges, ni des membres mais ils légalisés, c'est-à-dire bien reconnu par les services de l'état.

Les concertations nationales furent également un moment des débauchages des certaines personnalités de l'opposition. C'est à ce moment que l'UDPS va perdre Sami Badibanda président du groupe parlementaire de l'UDPS, Justin Bitakwira se rapprocha de la majorité, Steve Mbikayi également et tous automatiquement deviennent ministres. Plusieurs personnalités ont intégré le gouvernement de Joseph Kabila lors de l'accord global et inclusif de la saint-sylvestre. Le FONUS de Olenga Nkoy quitte le rassemblement et devient président du Conseil National pour le Suivi de l'Accord (CNSA) et place son cousin vice-ministre des affaires étrangères. Désormais Olenga Nkoy qui appelait Joseph Kabila un 'microbe' s'incline devant lui pour lui présenter ses civilités – présenter ses civilités à un microbe. Oh ! L'opposition Congolaise !

Beaucoup d'autres tels que Mubake, Loseke, Bruno Tshibala se rapprochent du gouvernement et tentent de créer UDPS bis; ce que la CNSA n'avalise pas mais c'est accompli... Le fait de faire participer ces membres au gouvernement, l'UNC en reçoit un coup sur sa sincérité et sa franchise. Le Ministre du Budget Kangudia a du quitter le gouvernement sur la demande de l'UNC pour tenter de rehausser l'image du parti de Vital Kamerhe.

Des opposants, telle Madame Mushobekwa sont vus comme Kabilistes par la manière dont celle-ci gère la crise créée par les manifestations du 31 décembre 2017 et celles du 25 février 2018 contre le maintien de Joseph Kabila au pouvoir.

La MP a su créer une véritable cacophonie dans l'opposition politique en offrant des postes à des personnalités politiques pour les faire taire et qu'on se partage le gâteau afin que plus que jamais on parle plus d'opposition réellement politique en RD Congo.

Il ya eu également une certaine dynamique également à l'intérieur de l'opposition où certains cadres de l'Union pour la Nation Congolaise (UNC) ont rejoint Moise Katumbi. Jean Bertra Ewanga et André Claudel Lubaya ou encore lorsque le G7 perd un parti l'Avenir du Congo (ACO) qui se désolidarise du groupe en s'écartant ainsi de Moïse Katumbi.

Le CNSA s'est attelé sur quelques dédoublements de partis politiques et les partis du G7 ont recouvré exclusivité d'usage de leurs attributs (noms, symboles, statuts, idéologies, etc.) sauf le cas du MSR.

Cette duplication des partis politiques a créé une ambiance de méfiance dans la classe politique Congolaise et un climat malsain dans les réseaux sociaux. L'intolérance, les injures ont fusés dans tous les sens laissant présager une atmosphère conflictuelle si la situation n'est pas décantée avec les échéances électorales ou autres moyens forts pouvant restaurer la situation politique et sociale du pays.

Chapitre 12

Le Boycott de la Conférence des Donateurs

La conférence des donateurs de la République Démocratique du Congo était prévue et a eu lieu le 12 avril 2018 à Genève en Suisse; le Gouvernement Congolais a décliné sa participation. Le vice premier ministre José Makila a présenté deux raisons:

- Le refus d'être complice de ceux qui veulent prendre l'argent sur les dos des congolais. En effet, il était attendu une mobilisation de plus de 1,7 milliards de dollars en faveurs des organismes humanitaires pour intervenir en République Démocratique du Congo (RDC) dans le but de soulager la misère dû aux problèmes notamment d'insécurité.
- L'opposition à tout découragement des opérateurs économiques qui veulent investir en RDC. Le gouvernement estime qu'il s'agit d'une campagne de dénigrement contre la RDC qui sape l'image de ce dernier et refroidit l'enthousiasme des investisseurs lorsqu'on place la RDC sur le même pied d'égalité que la Syrie et le Yémen.

Cette position de la RDC découlait de l'activation par l'ONU, en défaveur de la RDC, du niveau humanitaire le plus élevé comparable à celui de la Syrie et du Yémen.

Les opérateurs politiques on qualifié cette attitude de fuite en avant. Le Mouvement de Libération du Congo (MLC) en fait une confusion entretenue en déclarant que le gouvernement renonce à l'appui financier de la communauté internationale pour l'organisation des élections. Cette confusion est entretenue par plusieurs partis politiques. Il ne s'agissait pas d'une conférence de financement des élections qui s'est tenu à Genève.

Néanmoins cette attitude a un impact sur l'organisation des élections étant donné que:

- La persistance de la crise humanitaire n'est pas de nature à favoriser le bon déroulement du processus électoral dans le pays. D'ailleurs, il s'agit d'une des contraintes présenter parla CENI à l'organisation des élections.
- Cet appui humanitaire permettrait au gouvernement de dégager des ressources pour notamment financer les élections dans le cadre d'un budget national très minimaliste.

Cette attitude du gouvernement ne joue pas en faveur de son image vis-à-vis des partenaires internationaux. On ne peut penser évoluer en vase clos sans tenir compte de l'environnement régional et international. A l'interne, il s'agit d'un déni de la souffrance du peuple qui souffre de l'insécurité au Kivu, en Ituri ou au Kasaï, l'accroissement de l'insécurité urbaine, les répressions de la police et de l'agence de renseignement.

S'il y aurait une autre conférence des donateurs, il serait souhaitable que le Gouvernement révise sa position pour permettre aux humanitaires de continuer à soulager la misère de la population et concentre les moyens notamment sur les élections.

Chapitre 13

Environnement Régional

La RD Congo fait partie de plusieurs regroupements régionaux la "Southern African Development Community" (SADEC), la CEAC, la CIRGL et autres. La situation politique actuelle de la RDC a des implications dans la région et aussi certaines réalités de la région influencent les agissements politiques des congolais. Après le passage de Jacob Zuma à Kinshasa en octobre 2017. Au début de l'année 2018 plusieurs chefs d'état sont passés par Kinshasa (Ali Bongo, Emmerson MNangaagwa, Denis Sassou-Nguesso et Joao Lourenço et un déplacement de Joseph Kabila en Zambie ceci démontrent de l'importance de la situation de la RDC dans ce bloc régional.

-   L'Angola, il est l'un des déversoirs regionaux de la population congolaise en fuite de l'insécurité, cette insécurité parfois entretenue selon certaines sources (Kamwina Nsampu notamment). L'Angola s'est exprimé à plusieurs reprises sur son inquiétude en rapport avec l'afflux massif des refugiés venant de la RDC. L'Angola qui est un des alliés de la RDC sur le plan économique et militaire suit de près l'évolution de la situation politique. Le nouveau président Joao Lourenzo ne semble pas être dans la continuité de son prédécesseur Eduardo Dos Santos qui à maintes reprises a été un soutien au régime de Kinshasa. Le président Joao Lourenzo dauphin de son prédécesseur ne s'est pas empêché de mettre sur la table des dossiers qui impliqueraient directement ou indirectement le président Dos santos. Ceci est surement un précédent qui refroidit Joseph Kabila quant à la loyauté des dauphins présumés.
-   L'Ouganda est un autre réceptacle des refugiés de l'Est suite à l'insécurité à Beni, Ituri et Bunia. Ici le président Museveni a pu faire modifier la constitution de son pays pour lui permettre de se

représenter aux prochaines élections après plus de 30 ans de règne. Certes que cette stratégie a plus d'une fois tenté Joseph Kabila, mais le contexte actuel en RD Congo ne semble plus favorable. Museveni reste un allié de Joseph Kabila.

- Le Rwanda: Le président Kagame a longtemps été vu comme le mentor de Joseph Kabila ou mieux son Tuteur. Il vient d'obtenir un changement de la constitution qui lui permet de se représenter à la magistrature suprême pour plusieurs mandats après 17 ans au pouvoir. Néanmoins sa posture actuelle en tant que président de l'Union Africaine le met dans une posture où un soutien ouvert à Joseph Kabila serait mal vu. Néanmoins. Son rôle dans la déstabilisation de l'Est de la RD Congo n'est pas exclu et une ombre de sa main plane sur le massacre des casques bleus de la Mission des Nations Unies pour la Station de la RD Congo (MONUSCO) prêt de Semliki en décembre 2017 où 15 casques bleus Tanzaniens ont perdu la vie.

- Le Burundi: Le président Kurunziza, après son passage en force d'un troisième mandat, il s'attèle à la modification de la constitution de son pays pour lui permettre de briguer plusieurs autres mandats après ce troisième. Il existe un rapprochement visible entre Pierre Nkurunziza et Joseph Kabila. On a vu des jeunes du PPRD parti de Joseph Kabila aller en stage au Burundi au près des terribles Imbonerakure et le 25 février 2018 une manifestation des jeunes du PPRD se comportant en milice contre certaines églises de Kinshasa. Pierre Kurunziza parait être un allié de Joseph Kabila.

- Le Zimbabwe: Un allié de taille de Kinshasa, on a vu l'indéboulonnable Robert Mugabe être de fait par sa famille politique et l'anéantissement de la toute puissante Grace Mugabe. Bien sûr que Robert Mugabe a bénéficié d'un parachute doré. Ce qui peut générer des idées à la famille politique de Joseph Kabila, « un parachute doré ».

- Le nouveau président Zimbabwéen Emmerson MNangaagwa a fait le déplacement de Kinshasa à deux reprises depuis son investiture. Ceci démontre de l'intérêt du Zimbabwe au régime ou mieux à la RD Congo. En effet, il a été épinglé par le rapport mapping des Nations Unies comme une des pièces maitresses du pillage dans les mines du diamant du Kasaï. Il ne s'agit vraiment pas d'un démocrate quand on relie son parcourt à côté de Robert Mugabe.

- L'Afrique du Sud: Jacob Zuma, un autre soutien de Joseph Kabila vient d'être défait par son propre parti l'ANC suite à plusieurs scandales (politiques et financiers). Le pays vient d'avoir un nouveau président. Le nouveau président Sud-Africain Cyril Ramaphosa ne s'est pas officiellement exprimé sur la RD Congo depuis son installation.

- Le Botswana: Un des pays africains cités comme exemple de démocratie et de bonne gouvernance. On a suis avec intérêt l'interpellation par l'ancien président du Botswana Seretse Ian Khama à l'égard de Kinshasa en rapport avec le respect de la constitution et des mandats en ce termes: « Nous continuons d'assister à une crise humanitaire qui empire dans ce pays principalement parce que son dirigeant a sans cesse repoussé la tenue d'élections ». Il a souligné en outre que le président a « perdu le contrôle de la sécurité de son pays ». Le premier avril 2017 Mokgweetsi Masisi ancien vice-président du Botswana reprend les rênes du pouvoir pour conduire les affaires publiques jusqu'aux élections prévues en 2019. Les propos de l'ancien président avaient été très bien accueillis par la population et l'opposition politique de la RD Congo. A travers ces positions de ses leaders, le Botswana a fait une différence avec les dirigeants d'autres pays de la région.

- Le Congo Brazzaville: Denis Sassou-Ngueso un partenaire du président Joseph Kabila Kabange a pu faire sauter la limitation des mandats dans la constitution de son pays grâce à un référendum. Ainsi il s'est fait réélu pour un troisième mandat le 20 mars 2016 après plus de 33 ans au pouvoir (1979-1992 et 1997- à ce jour).

L'environnement régional est bien controversé. Joseph Kabila se retrouve au milieu de ceux qui ont réussi par la force à changer les constitutions de leur pays respectifs pour se maintenir au pouvoir (Rwanda, Uganda et Congo). Celui qui est en passe de changer la constitution après un troisième mandat (Burundi), ceux qui ont été défaits par leurs familles politiques respectives (Zimbabwe, Afrique du Sud), celui dont le dauphin a trahi (Angola) et celui qui vient de renoncer à 18 mois de son mandat.

Prof. Justin B. Mudekereza

S'il choisit de se maintenir au pouvoir comme Kagame, Museveni c'est une voie vers la violence et une déstabilisation de la région par l'afflux des réfugiés et la prolifération des groupes armés. Le nombre de Congolais refugiés dans les pays africains, surtout ceux de l'Est est déjà très élevé et en augmenter d'autres serait une autre très grande catastrophe humanitaire.

Surement qu'il balance entre un dauphin loyal sans oublier que Dos Santos de l'Angola en paie les frais ou un parachute doré à la manière de Mugabe.

Ce flou de la communauté régionale sur la situation du Congo reste bien favorable à Joseph Kabila qui trouve des cas d'école dans la région. De ce qui ont bafoué la constitution de leurs propres pays et ont usé de la force pour se maintenir au pouvoir et y sont restés impunément. Ceci pousserait donc ce dernier à tenter à son tour l'expérience de ses pairs de la région.

Chapitre 14

Autres Débats

Il existe des questions qui pourraient avoir un certain impact sur le climat politique de la RD Congo, bien que de manière indirecte notamment:

- **Le pétrole du bloc III graben albertine:** des réserves estimées à plus de trois milliards de baril confirmées par la prospection que l'entreprise française TOTAL a mené sur le site depuis plus de cinq ans et le contrat d'exploitation signé entre TOTAL et Tullow est de nature à aiguiser les appétits des dirigeants. Déjà du côté ougandais où TOTAL est opérationnel, le président Museveni sans ambages a dit ne pas être prêt à laisser « son pétrole » à quelqu'un d'autre. Kabila partira-t-il sans pouvoir toucher à cette manne du pétrole ? Cela est du reste très probable considérant l'intérêt de Dan Gertler sur ce dossier. Il est certes que la notoriété publique de ce dernier n'est que la main agissante de Joseph Kabila.
- **Le soutien militaire de la France:** la France appui les services de sécurité de la RD Congo, la police et les autres services spéciaux. La voix de la France est inaudible désormais au Conseil de Sécurité des Nations Unies quand il s'agit de la condamnation des violences contre la population en RDC. La France bloque les communiqués conjoints contre le régime de Kinshasa à la Commission Européenne. Cette attitude serait-elle liée au contrat pétrolier de Total ? Il est vraiment très ridicule de voir comment l'humanité se tourne vers les intérêts les plus égoïstes en sacrifiant des vies des populations civiles qui n'ont aucun moyen de se défendre ni de se protéger.
- **Le projet Inga III** de dix milles à douze milles Mega Watts dont la phase d'exploitation est attendu pour 2024 ou 2025 est un autre

cas qui montre l'Espagne et la Chine faire les doux yeux au régime de Kinshasa.

C'est entre autres les points qui influeraient sur la conduite d'une élection précipitée et bâclée pour garde une main mise sur ces dossiers juteux.

Chapitre 15

Sept Péchés Capitaux
de l'Opposition

Dans ce chapitre j'ai essayé de décortiquer les sept péchés capitaux de l'opposition congolaise face aux stratégies de glissement de la mouvance Kabiliste selon Aimé Gata-Kambudi.

Ici ont été répertoriés des éléments susceptibles d'influencer négativement sur la conduite des élections et faire prévaloir un climat de tension et de conflit en République Démocratique du Congo:

1. **Autosuffisance des tshisekedistes:** l'Union pour la Démocratie et le Progrès Social (UDPS) s'est considéré comme un parti-état de l'opposition. On l'a vu bouder le dialogue sous l'égide de l'Union Africaine (UA) conduit par Monsieur Edem Kodjo au motif que si l'UDPS n'intégrait pas la commission préparatoire, il n'y aura pas de dialogue. L'UDPS a conçu en sa feuille de route des discussions et imposer son application pour sa participation au dialogue. L'UDPS s'est estimé attributaire de droit de la primature ou rien à l'issue du dialogue de la Conférence Episcopale Nationale du Congo (CENCO). La majorité présidentielle a toujours su contourner ces revendications et ainsi assurer sa longévité au pouvoir.

2. **Le besoin d'accaparement de katumbistes:** Moïse Katumbi a su établir un consensus autour de sa personne pour une bonne partie de l'opposition Congolaise. Ainsi Katumbi continue sa stratégie d'accaparement. Il pioche partout pour récupérer des personnalités politiques et même civiles; le G7 se consolide autour de lui. Il a pu récupérer André-Claudel Lubaya et Jean-Bertrand Ewanga de l'UNC de Vital Kamerhe et il bénéficie d'une popularité qui inquiète non seulement au sein de la majorité mais aussi dans

l'opposition. On a vu Noël Tshiani crié fort que Katumbi aurait plagié son projet de société. La majorité essaie tous les moyens possibles pour lui empêcher de participer aux élections prévues. Il pourrait faire bouger les lignes. Ainsi, des procès (mercenaires, extorsion immeuble, etc.), le refus de lui accorder un passeport et dernièrement l'information judiciaire en son encontre pour prouver sa nationalité congolaise ... sont des stratagèmes qui tentent à réduire son aura. Il faut signaler que son absence dans le pays réduit la portée de son influence. Le peuple Congolais par voie de pauvreté très avancée a une mémoire très courte à tel enseigne qu'il oublie que la différence entre Moise Katumbi et Joseph Kabila n'est pas du tout grande. Les animateurs du G7, Vital Kamerhe, Moise Katumbi et d'autres "opposants" sont tous des gens qui ont réduit ce même peuple Congolais au néant. Ils ont travaillé avec le président Joseph Kabila pendant plus de 10 ans. Il est très malheureux qu'ils se fassent passer pour des opposants aujourd'hui et que le peuple les suive. Il est de bonne logique que si Joseph Kabila un mauvais dirigeant donc ils sont aussi des mauvais dirigeants, or..., donc... !

3. **La lutte de positionnement et le dialogue de Kamerhe:** Vital Kamerhe, président de l'Union pour la Nation Congolaise (UNC) lutte grandement pour le positionnement de son mouvement. Il se prévaut comme le challenger naturel de Joseph Kabila estimant à tort ou à raison devoir porter la candidature unique de l'opposition. Si lors de l'élection de 2011 il a pu arriver en ordre utile, juste derrière Etienne Tshisekedi et celui-ci n'étant plus de la course parce que décédé depuis février 2017; il pense de droit qu'il peut se prévaloir comme chef de fil de l'opposition. Mais entretemps je pense que l'eau a coulé sous le pont ! Moïse Katumbi est arrivé dans l'arène et bénéficie de l'appui du G7 et de la sympathie de Félix Tshisekedi l'actuel président de l'UDPS. Pour se positionner, il a milité énormément pour le dialogue de Monsieur Edem Kodjo envoyé de l'Union Africaine. Il est sorti quelque peu affaibli et perçu comme une pièce de la mouvance Kabiliste. La présence de

ses membres et proches dans le gouvernement discrédite sa lutte au sein de la fameuse opposition.

4. **Le dialogue de la Conférence Episcopale Nationale du Congo (CENCO) ou la priorité au partage de pouvoir (égoïsme de l'opposition mis à nue):** Les accords de la saint-sylvestre battent de l'aile. Ils ont permis à Kabila de s'octroyer une année supplémentaire au pouvoir avec quelques avancées timides dans la description du climat politique et la préparation de l'organisation des élections. On a vu des personnalités politiques de l'opposition se rapprocher de la MP à l'issue des accords (le FONUS de Olenga Nkoy, UDPSS avec Bruno Tshibala, Tharcisse Luseke, Samy Badibanda, etc.; Steve Mbikayi; José Makila et beaucoup d'autres).

5. **La fragmentation du rassemblement** pour la quête des intérêts personnels le rassemblent s'est scindé en deux dont d'une part le rassemblent Olenga Nkoy et le rassemblement Felix Tshisekedi d'autre part.

6. **Le manque de courage de la société civile congolaise et la politisation des mouvements citoyens:** Le manque de courage de la société civile et la politisation de la société civile et autres mouvements citoyens ont fait que les actions de protestation pacifique ne tiennent plus en République Démocratique du Congo. Les villes mortes, les marches ne savent plus drainer des foules et le pouvoir récupère cette situation en annonçant que la population n'obéi pas au mot d'ordre de la société civile et des mouvements citoyens parce qu'ils n'adhèrent pas à leurs méthodes. Le peuple a plutôt peur de se faire massacrer car Joseph Kabila réprime les manifestations pacifiques par la plus grande énergie en utilisant les forces de la police et de l'armée. Le nombre de morts en RDC a déjà dépassé même celui de l'holocauste…

7. **Le détachement et la division de la diaspora:** la diaspora congolaise semble peu coordonnée et désunie. Elle s'implique très peu dans la vie politique du pays. Elle reste néanmoins très active sur les réseaux sociaux où elle passe du temps à crier comme si cela aura un impact quelconque sur le régime en place au pays. Une chose qu'elle oubli est que la population Congolaise est en majorité illettrée et que très peu de congolais au pays ont accès à

la connexion internet. Cela implique aussi de l'argent que le peuple n'a pas car enfoncé dans la misère. La diaspora congolaise a échoué par son incapacité à s'unir comme un seul homme afin d'avoir une seule voix et d'apporter un changement dans la situation qui gangrène le pays.

Chapitre 16

Regard sur un Gouvernement de Transition

L'unanimité se dessine au fur et à mesure que l'horizon sombre de 23 décembre 2018 approche sur un apaisement du climat social et politique pour permettre un atterrissage aisé et consensuel du processus électoral. Et ce consensus se décline en quatre points:

1. **Reforme de la Commission Electorale Nationale Indépendante (CENI):**

Cet organe d'appui à la démocratie est appelé a être souverain et indépendant. Depuis le dialogue de Sun City, cette souveraineté a été mise à mal par les acteurs politiques congolais. A l'époque la Commission Electorale Indépendante (CEI) avait bénéficié d'une certaine confiance à la sortie de la guerre parce qu'elle présentait une charge d'un changement radical. Par contre la Commission Electorale Nationale Indépendante (CENI) évolue dans le sens de maintenir la tendance actuelle qui est chaotique sur le plan du social, du respect des libertés civiques ainsi que sur l'implémentation de la démocratie. Il est apparu plutôt une consolidation de l'autoritarisme qui est nourri par la corruption et le pillage, un gangstérisme assez proche du terrorisme.

Il est impérieux de mettre en place une centrale électorale des experts et non des politiques afin de lui permettre d'exercer loin des injonctions des autres institutions comme la présidence, le gouvernement, la cour suprême, ect.

La réforme de la CENI fut un des idéaux des dialogues mais les politiciens ont été fourvoyés par le positionnement politique et ont dû accepter de faire-avec.

Il est vraiment utopique de penser que la CENI dans sa structure actuelle puisse être capable de donner aux Congolais des élections vraiment libres, transparentes et crédibles, c'est-à-dire acceptables par tous. L'actuelle CENI a déjà été accusée à plusieurs reprises d'être au service du pouvoir en place avec la mission de faire que les choses tournent toujours et chaque fois en faveur de Joseph Kabila.

2. Joseph Kabila hors-jeu:

Joseph Kabila reste un élément du système politique de la RD Congo qui peut être un déclencheur vers une démocratie ou une déchéance de la démocratie. Il lui revenait de faire un choix et le meilleur choix aurait été de permettre une émergence de la démocratie. Par ce choix que j'appelle le meilleur il pourrait espérer revenir aux commandes dans un avenir proche vu son jeune âge (46 ans actuellement). Ses tentatives de maintien au pouvoir on salit son image à l'interne comme à l'international et je crois qu'il en est conscient. Il essaie d'assurer son avenir politique en se rassurant que sa famille politique garde les commandes des institutions à élire par tous les moyens et à lui de les contrôler dans l'ombre. La pression interne et externe est grande mais il préfère agir en Kamikaze avec tous les risques possibles de déstabilisation du pays et l'embrasement de toute la région.

S'estime-t-il vulnérable une fois en dehors du pouvoir ? Sera-t-il à la merci de la justice internationale ? Ses alliés d'hier lui permettraient-ils de mettre à nue leur implication dans les pillages des ressources naturelles de la RD Congo ou dans les massacres de la population congolaise? Telles sont surement des questions qui transpercent.

Pour atténuer la crise et espérer y mettre fin, il reste important que Monsieur Joseph Kabila n'organise pas les élections à venir. Par les moyens légaux, le contraindre à la démission (Robert Mugabe, Jacob Zuma), surement qu'il attend que ses arrières soient rassurées et qui le ferait mieux qu'un dauphin qu'il hésite à ce choisir. Par ailleurs, le contraindre à quitter ce pouvoir où il continue à s'accrocher becque et ongle serait une autre option si les moyens légaux ne réussissent pas.

3. Décrispation du climat politique:

Plusieurs acteurs politiques et sociaux (membres des mouvements citoyens) sont en exil ou en prison. Des manifestations sont réprimées avec la plus grande violence par les forces de sécurité y compris des mercenaires selon plusieurs sources sur le terrain. La liberté de réunion est mise à rude épreuve, les médias sont inféodés au pouvoir, les institutions d'appui à la démocratie sont politisées, des milliers de prisonniers sont en libertés, les retours des personnes controversées comme John Numbi en fonction, des criminels comme Gédéon Kyungu sont adulés... C'est l'image actuelle de la RD Congo. Selon ma propre analyse que j'ai faite de manière la plus indépendante, il serait contre-productif d'organiser des élections dans un climat de tension et d'insécurité comme celui-ci. Un gouvernement responsable qui devra assainir le climat social et politique du pays s'avère très nécessaire et urgent avant de penser à organiser des quelconques élections en RD Congo.

Le pouvoir se choisit les adversaires aux prochaines élections et tente de museler ceux qu'il ne supporte pas. Il crée ou s'accommode à l'insécurité pour justifier son maintien au pouvoir. Certaines personnalité de la majorité ont des liens avec la crise Kamwina Nsapu au centre du pays et le Général Mundos semble bien proche des ADF NALU qui ont endeuillées des milliers de familles à l'Est de la RD Congo.

4. Gouvernement de transition (sans Joseph Kabila):

Un gouvernement inclusif devrait conduire les élections. Il est important d'assurer un réel équilibre de force dans un gouvernement de transition avec comme principale mission de conduire la nation aux élections libres, transparentes, crédibles et incontestées. L'accord de Sun City en Afrique du Sud fut un exemple de caractère inclusif d'un gouvernement mais il fut plombé par le système 1+4 où le Président assurait le déséquilibre, parce qu'issu d'une composante qui avait déjà un vice-président.

Une des voies de sortie serait la présidence à la société civile et un partage équitable des fonctions entre l'opposition et la mouvance Kabiliste. Le président de la république et son premier ministre chef du gouvernement devrait être une personne qui n'a jamais été aux affaires afin qu'ils organisent de bonnes élections. Une personnalité intègre et consensuelle pourrait conduire cette brève transition à vocation purement électorale.

Les institutions à mandat électif (Sénat, Assemblée Nationale) devraient arrêter de fonctionner dans leur composition actuelle, elles confortent la position de Kabila de prétendre rester en fonction sans aucune légitimité ni légalité.

Il est important d'attirer l'attention sur cette question parce qu'elle est assez proche de celle qui a prévalu en 1964 où l'armée a dû neutraliser le président de la république et entamer une dictature sans précédente en RD Congo. Il est crucial de prévenir un scenario identique à celui de 1964 par un passage harmonieux vers un nouveau pouvoir.

Le gouvernement de transition en RD Congo dont je parle ici devrait donc, comme je l'ai déjà signalé, se focaliser sur la tenue des élections libres, transparentes, et acceptables par tous les congolais ainsi que les partenaires de la RD Congo. Quand je parle de la vocation purement électorale du gouvernement de transition; cela veut dire que ce gouvernement fera tout pour:

- Mettre sur place tout d'abord un groupe d'expert pour travailler sur la modification pure et simple de la constitution du pays comme élément moteur pouvant créer et résoudre des pommes de discordes. L'on se souviendra des conditions dans lesquelles l'actuelle constitution de la RD Congo était rédigée et adoptée par les belligérants. C'était pour mettre fin aux conflits armés des groupes rebelles et beaucoup d'articles de cette constitution ont été taillés sur mesure (afin de diminuer la colère entre les protagonistes).
- Modifier l'actuelle loi électorale et bien d'autres lois qui ont été taillées sur mesure de manière à favoriser le maintien au pouvoir du président Joseph Kabila et ses alliés de la Majorité Présidentielle. Revenir ainsi au mode de scrutin à deux tours si on est réellement en démocratie et repenser le problème de caution et autres lacunes causées par cette loi.
- Revoir les instruments de la justice du pays, les refaire de façon à ce qu'il y ait une bonne structuration et se rassurer que ces

instruments diront le droit et rien que le droit c'est-à-dire de manière la plus impartiale et sans favoritisme.

* Mettre sur pieds une véritable Commission Electorale Nationale Indépendante (CENI), c'est-à-dire non partisane pour l'organisation des élections à tous les niveaux.

* Travailler beaucoup avec les partenaires de la RD Congo pour le retour la sécurité des personnes et de leurs bien sur toute l'étendue du territoire national. Sans la sécurité les bonnes élections ne sauraient être organisées sur toute l'étendue du pays. Cela serait possible évidemment par la refondation de l'armée et de la police nationale.

☞ Notez bien que dans cette recherche d'un gouvernement de transition qui travaillera réellement pour les intérêts du peuple, il faudra que le président de la transition ne se présente pas aux élections qui seront organisées par le même gouvernement de transition qu'il va diriger. C'est de cette manière là, à mon avis, qu'on peut espérer apaiser les esprits et autres foyers de tensions en République Démocratique du Congo.

Autres problèmes

Comme je l'ai déjà signalé, le problème de sécurité auquel le pays fait face ne favorise pas des bonnes élections. Dans plusieurs parties du pays, particulièrement dans l'Est et le Centre, l'on sait quand l'on dort mais l'on ne sait pas si l'on peut se réveiller le jour suivant. Il y a des poches d'insécurité dans presque tout le pays.

Dans les provinces issues du démembrement de l'ex Kasaï au centre du pays, le phénomène Kamuena Nsapu qui a semé mort et désolation hante toujours les esprits. Les gens réfléchissent désormais trois fois avant de sortir de leurs maisons. Le spectre de la mort y souffle toujours.

En Ituri par exemple, dans l'ex province Orientale, les conflits ethniques entre les Hema et les Lendu font des victimes qui se comptent par milliers. Des morts sont enregistrés tous les jours dans les deux camps. Des blessés graves généralement par machettes et/ou autres armes blanches et légères sont comptables par centaines. Des déplacements massifs internes et externes réguliers sont enregistrés dans le chef des populations.

Dans l'Est du pays, plus particulièrement au Nord et au Sud-Kivu, des nombreux groupes armés écument la partie, au point que la peur du lendemain devient réelle. Les rebelles Ougandais ADF, les rebelles Rwandais FDLR et autres forces négatives sèment la terreur dans cette partie du pays. Toutes ces forces rebelles ont goutté sur le lait et le miel de la RD Congo à tel point que quitter le pays de bon gré reste utopique.

Dans quelles conditions les citoyens iront aux urnes? Où voteront ces populations déplaces ? Dans leurs villages d'origine ou bien dans leurs camps de réfugiés ?

Il est vraiment temps que les amis de la RD Congo agissent pour favoriser un nouvel ordre politique et social dans le pays. Que ceux qui sont entrain d'entêter le président Joseph Kabila se retournent plutôt en bon conseiller qui doivent lui faire comprendre qu'il y a une vie (et peut être la meilleure) après le pouvoir. D'ailleurs, comme il est encore trop jeune de ses 46 ans seulement, il peut se retirer du pouvoir et y revenir 5 ou 10 ans plus tard. On a vu beaucoup d'ex-présidents faire la même chose. Avec sa fortune estimé à plus de 15 milliards de dollars américains (magasine Le Congolais, 2016) ils peuvent, lui et sa famille, vivre une bonne vie et éviter le malheur continue au peuple Congolais qui a déjà trop souffert.

Conclusion

A la lumière de ce qui précède, il est irresponsable d'exiger les élections au cours de cette année 2018. Un consensus s'impose pour définir un calendrier plus réaliste et consensuel entre les différents acteurs du processus. Or, il se fait remarquer que les acteurs politiques du pays ne sont pas prêts à s'asseoir encore une fois à la table de négociations pour deux raisons notamment (1) ils se disent qu'ils ont déjà fait beaucoup de négociations et le président Joseph Kabila ne fait que les rouler dans la farine parce qu'il n'est pas prêt quitter le pouvoir et (2) nombreux membres de ce qu'on appelle opposition ont bradé leur conscience en échange des postes ministériels.

En tout cas, il est plus que nécessaire et très important d'aider la RD Congo en mettant en place un gouvernement de transition d'urgence et cela sans Joseph Kabila car:

1. La Commission Electorale Nationale Indépendante (CENI) devenue très dépendante du pouvoir (avec ou sans sa machine à voter). Il est très clair que cette institution est très loin de donner de bonnes élections au peuple Congolais.

2. La machine à voter (que j'appelle machine à voler) très contestée par tous ne rassure personne au niveau national et international.

3. Les instruments de la justice sont inféodés au pouvoir en place, les 9 membres de la Cour Constitutionnelle sont tous de l'obédience du président Joseph Kabila.

4. La loi électorale a été taillée sur mesure pour favoriser le pouvoir en place et ne donne aucune chance à un quelconque parti de l'opposition politique de gagner les élections maintenant et dans le future; ce qui démontre clairement que le pouvoir restera entre les mains du parti au pouvoir et sans majorité présidentielle.

5. La constitution du pays avait été rédigée sur fond de crise entre les belligérants dans les conflits armés. Selon ma propre lecture, dans

sa forme actuelle, la constitution de la RD Congo était seulement de nature à faire cesser les hostilités entre les parties belligérantes et non de nature à faire asseoir un nouvel ordre politique en RD Congo).

6. Les forces de l'ordre notamment l'armée et la police nationales sont devenues des machines à tuer qui sont utilisées par le pouvoir en place pour faire taire toute personne qui ose lever son petit doigt pour dire que telle ou telle autre chose ne marche pas bien. Ceci met en doute la sécurisation du processus électoral tout entier ainsi que la sécurité des candidats en particulier (à tous les niveaux). Elles ont montré leur face en nombreuses occasions par des répressions très musclées contre les mouvements citoyens pourtant non armés. Tout ceci en plus de l'insécurité entretenue par les forces négatives.

Voilà les six (6) axes prioritaires qui constitueront le mandat d'un gouvernement de transition sans Joseph Kabila. Considérant la grandeur de la RD Congo (un pays continent), cette transition devrait être de trois (3) ans au maximum.

La République Démocratique du Congo est malade. Elle souffre d'un abcès et il faut plus d'efforts pour le soigner. Sauf complicité notoire, la communauté internationale en général et du Conseil de Sécurité des Nations Unies en particulier devront prendre leurs responsabilités et forcer une transition politique sans Joseph Kabila en République Démocratique du Congo. Un seul individu ou un groupe d'individus assoiffés du pouvoir ne peuvent pas continuer à garder le peuple sous leur joug tout simple parce qu'il a ou ils ont une armée et une police fideles. Aussi, il faut comprendre *qu'on ne peut pas faire des omelettes sans caser des œufs.* Au besoin utiliser de la force, si cela est nécessaire, pour déloger Joseph Kabila du palais du peuple afin de sauver tout un peuple au lieu de laisser la situation telle qu'elle se présente actuellement et prévenir le pire qu'une mascarade d'élections peut causer au pays. Ce qui avait été fait en Lybie, en Cote d'Ivoire et dans d'autres pays où les dirigeants se sont montrés insensibles à la volonté du peuple de jouir de les avantages offerts par la pratique de la démocratie peut être appliqué aussi pour la République Démocratique du Congo. Pour quoi un monde de deux poids deux mesures ? Pour quoi un tel peuple peut être protégé contre des dirigeants malsains mais un autre est abandonné à sont triste sort ? A qui profiteraient ces millions de Congolais que je vois mourir dans cette crise vers la fin de cette année et au delà?

Je sais que les grands de ce monde qui gardent la clé de libération des pays du monde lisent des livres et que ce livre leur parviendra. J'espère qu'en lisant ce livre ils trouveront plus de compassion et de pitié pour le peuple Congolais. Je considère ce livre comme une de mes plus grandes contributions aux efforts de développement de mon pays car je suis certain que mes lecteurs seront pris de pitié pour protéger ce peuple innocent estimé à plus de quatre-vingt-cinq million (85.000) qui a aussi droit à la vie.

Que Dieu protège son peuple de la République Démocratique du Congo.

Bibliographie

Constitution et lois:

- *La constitution de République Démocratique du Congo,* Journal Officiel, numéro spécial, 18 février 2006
- Loi de finances n°17/014 du 24 décembre 2017 pour l'exercice 2010
- loi 15/001 du 12 février 2015 modifiant et complétant la loi N°06/006 du 09 mars 2006 portant organisation des élections présidentielle, législatives, provinciales, urbaines, municipales et locales telle que modifiée et complétée à ce jour

Accords et rapports:

- *Accord politique global et inclusif du centre interdiocésain de Kinshasa,* CENCO; 31 décembre 2016
- *Rapport sur l'enrôlement des électeurs en vue de l'élection présidentielle prévue le 23 décembre 2018*, CENCO, novembre 2017
- *The time of concerted action in DRC,* Crisis Group, Africa report 257, December 4th 2017
- Le rapport de la banque centrale pour le premier trimestre de 2018
- Rapport de sondage politique *une actualisation d'un processus politique contentieux.* Fondation BERCI asbl, Groupe d'étude sur le Congo, mars 2018

Décisions de la CENI:

- décision n°013/CENI/BUR/15 du 23 juillet 2015 convoquant le corps électoral et publication du calendrier de l'élection des gouverneurs et vice- gouverneurs des 21 nouvelles provinces
- décision n°014/CENI/BUR/15 du 28 juillet 2015 portant organisation d'élection des gouverneurs des provinces.
- décision 065 /CENI/BUR/17 du 5 novembre 2017 portant publication du calendrier des élections présidentielle, législatives nationales, provinciales, urbaines, municipales et locales

Articles:

- la CENI: *Indépendante, mais sous contrôle ? réflexions praxéologiques sur l'indépendance de la commission électorale nationale indépendante,* Alain Joseph Lomandja, 17 aout 2015
- *Les sept Péchés capitaux de l'opposition congolaise face aux stratégies de glissement de la mouvance kabiliste* par Aimé Gata-Kambudi, janvier 2018

Sites Web:

- Site Web ceni.cd
- Site Web présidencerdc.cd
- Site Web rfi.fr
- Site Web 7sur7.cd
- Site Web target-sarl.cd
- Site Web de l'agence ECOFIN.
- Site Web radiookapi.net
- Site Web radiookapi.net
- Site Web desc-wondo.org
- Site Web librebelique.be
- Site Web actualite.cd
- Site Web jeuneafrique.com

o   comment les machines à voter des sud-coréens ont séduit Corneille Nangaa 15 mars 2018
o   Machine à voter, parapluies, véhicules,… Les détails du Budget électoral 21 décembre 2017
o   Séoul dézingue les « machines à voter » de Meru System

A propos de l'Auteur

Le professeur Justin B. Mudekereza est un citoyen de la République démocratique du Congo (RDC). Il a fui son pays en 2006 à la suite de tortures physiques après les élections. Il est une icône connue pour ses nombreux efforts pour la justice sociale, les droits de l'homme et le développement dans de nombreux pays africains. Il est une personne qui ne se tait pas et ne regarde pas quand les gens souffrent autour de lui. Issu d'une plus grande famille de quarante-quatre enfants de son défunt père, il a appris à faire la paix, à partager avec les autres et surtout à se battre pour les autres quand ils sont victimes d'injustices de toutes sortes.

Ecrivain pour la justice social et les droits humains, il est l'auteur de *"Understanding the Multifaceted Mananement Problems of Refugee Resettlement in the United States of America – The Only War that the US is Unlikely to Win"* et de *"Pays de Merde: La Vérité que Aurait dû Servir de Leçon".*

Bien qu'il soit un peu difficile de parler d'une personne qui a donné tout son temps et sa force pour aider les autres; nous pouvons essayer de parler de ses réalisations plus grandes et très remarquables à trois niveaux différents: en RD Congo, dans d'autres parties de l'Afrique et aux États-Unis d'Amérique.

- **En République Démocratique du Congo**

En 1998, une guerre meurtrière a éclaté dans le pays entre le gouvernement et les groupes rebelles connus sous le nom de «guerre mondiale africaine». Des million de personnes ont perdu la vie et les biens. Un an plus tard, il crée le CEFEVO, une organisation à but non lucratif qui aidait les veuves, les orphelins et les enfants vulnérables, les femmes victimes de viols et d'autres victimes de guerre au Sud Kivu. Sous sa direction, l'organisation a remporté de nombreux contrats de financement avec de nombreuses organisations internationales et organismes des Nations Unies tels que l'Organisation des Nations Unies pour l'Alimentation et l'agriculture, le Programme Alimentaire Mondial des Nations Unies et le Programme des Nations Unies pour le Développement (PNUD). Cette réalisation lui a valu la confiance de la communauté locale dans une mesure où il était considéré comme une menace pour certains politiciens dans le pays.

Il a participé à la création du Conseil des Organisations de Femmes Agissant en Synergie (COFAS), un mouvement des droits des femmes qui a joué un grand rôle dans la recherche de la paix pendant la guerre dans le pays. Il a travaillé activement avec d'autres organisations de la société civiles.

En reconnaissance de ses efforts, les membres de sa communauté ont décidé de créer une fondation sous son nom. Aujourd'hui, la Fondation Justin Mudekereza (www.jmudekfoundation.org) aide les Enfants Orphelins et Vulnérables (EOV), les veuves et d'autres nécessiteux dans la province du Sud-Kivu. La fondation met l'accent sur l'éducation des enfants, car ce secteur a été abandonné par le gouvernement il y a longtemps.

- **Dans d'autres parties d'Afrique**

Fin 2007, après avoir survécu à la torture, le professeur Justin s'est enfui en Ouganda et est arrivé à Kampala à la mi-2008 après un très long voyage. Il a souffert de trouver un endroit où rester, comme tant d'autres réfugiés. Plus tard, il a obtenu le statut de réfugié auprès des autorités ougandaises, qui lui ont donné une lettre pour aller s'installer dans un camp de réfugiés. Considérant les problèmes politiques dans son pays d'origine, et le fait que son pays est frontalier de l'Ouganda et non loin du camp de réfugiés, il a refusé l'offre et a décidé de rester à Kampala, la capitale de l'Ouganda.

Pendant son séjour à Kampala, il s'est rendu compte qu'il y avait aussi de très nombreux défis de développement de la même manière que dans son pays, la République démocratique du Congo (RDC). Il a fondé et enregistré Aspire pour African Development & Consulting Limited (ADEC LTD www.adeconsult.net), une entreprise de consulting axée sur le développement qui a aidé différentes organisations à base dans leur lutte contre la pauvreté. Il a entamé des discussions avec les membres de la communauté et les a mobilisés pour lutter contre divers problèmes de développement observés dans la communauté. Cela comprenait les enfants des rues, la propreté de l'environnement pour lutter contre le paludisme, les mariages précoces, les grossesses précoces, le VIH/sida et d'autres Infections Sexuellement Transmissibles (IST), entre autres. Dans le cadre de cette initiative avec des Ougandais, ils ont créé "Community Development Vision" (CDV), qui est maintenant une organisation nationale à but non lucratif en Ouganda (Facebook, CDV Uganda).

En tant que consultant indépendant, il a aidé à organiser et à collecter des fonds pour l'ONG "Change African ChildInternational" (CACI, www.cac-international.org), une organisation sans but lucratif qui aide les orphelins et les enfants vulnérables dans les banlieues ougandaises. Tout en guidant plusieurs organisations communautaires en Ouganda, il a été embauché comme enseignant à l'institut superieur de commerce (Namasuba College of Commerce, CCN, www.namasubacollege.com), à Makerere Istitute of Business and Management (MIBM) et a travaillé comme consultant chez NNC Consulting. Désireux de servir dans d'autres régions d'Afrique, il a obtenu un autre poste d'enseignant à l'Université PIDAM de Bosaso, État de Puntland en Somalie où il a enseigné de 2014 à 2015 avant de déménager aux États-Unis. Il a également été consultant auprès de Badbaado Umbrella (YouTube, BADBAADO UMBRELLA), une organisation sans but lucratif qui lutte contre le VIH / SIDA dans l'État de Puntland en Somalie avec le partenariat du Programme des Nations Unies pour le développement (PNUD).

Au Kenya, il a participé à la création de Ndima Women Against Poverty (NWAP), une organisation communautaire qui mobilise et soutient les femmes dans la lutte contre la pauvreté à Karatina, Nyeri (Facebook, Ndima Women Against Poverty [NWAP]).

De retour en Ouganda à la fin de 2015, il a été embauché comme coordinateur de projet par une organisation à but non lucratif en partenariat avec le gouvernement de l'Ouganda qui l'a envoyé pour une formation en Californie aux USA. Malheureusement, en raison des menaces continues, il ne se sentait pas en sécurité de retourner en Ouganda. Il a décidé de demander l'asile aux États-Unis.

- **Aux États-Unis d'Amérique**

Avec le désir de servir les défavorisés dans la communauté, le professeur Justin a commencé à travailler comme volontaire à Alliance for African Assistance en tant qu'interprète/traducteur. Il a aidé ses compagnons réfugiés africains à communiquer avec leurs gestionnaires de cas. Plus tard, d'autres institutions et/ou organisations telles que l'International Rescue Committee (IRC), les districts scolaires unifiés de San Diego, Say San Diego (Crowford High School Collaborative), etc., sollicitèrent son aide en tant qu'interprète/traducteur à San Diego, Californie. Pendant ce temps de bénévolat, il a commencé à comprendre comment les réfugiés ont été aidés à San Diego et les défis qui les touchent dans le pays. Il a ressenti le besoin de faire plus pour sa propre contribution à l'amélioration de la vie des réfugiés.

A la réception de son permis de travail, Justin a commencé à chasser des emplois de tous les coins de San Diego, mais n'a pas pu en trouver tel qu'il a espérait. Il était comme les autres réfugiés et demandeurs d'asile dans la région. L'accès à l'emploi n'est pas facile pour les nouveaux arrivants en Californie, peu importe le niveau d'éducation, l'expérience ou les compétences acquises en dehors des États-Unis! Après avoir passé plusieurs tests d'embauche et malgré son niveau d'éducation, son expérience dans le secteur d'aide humanitaire, il a rapidement réalisé le besoin de retourner à l'école dans une université Américaine pour obtenir un autre diplôme. À cause du manque de ressources, il a décidé de suivre une formation, de trouver des emplois à temps partiel et d'économiser de l'argent pour des études. Il a ensuite suivi une formation en interprétation de la santé mentale et en premiers soins en santé mentale. Il a suivi un cours pour un certificat vérifié en gestion de projet à l'Université d'Adélaïde en Australie.

Il a été embauché par l'Université d'État de San Diego (SDSU) comme enseignant dans un projet de Centre de ressources en acquisition linguistique (LARC), plus tard par "Language Trainers" USA et Wyzant Tutoring. Il a continué le tutorat privé de langues française et swahili aux personnes intéressées par l'apprentissage de ces langues. Il a décidé de s'inscrire à l'université, où il a obtenu une maîtrise en gestion de projet et est actuellement inscrit à un programme de doctorat dans le même domaine. Son rêve est de continuer sa carrière d'enseignant tout en contribuant aux initiatives de développement dans la communauté où il vit et au-delà.

Aujourd'hui, il est le Directeur Exécutif de New Neighbor Relief (NNR, www.newneighborrelief.org) à San Diego, en Californie, et le président de l'organisation de soutien à la famille congolaise (CFSO, www.congolese-family.org).

Printed in the United States
By Bookmasters